CUISINE DE

THAÏLANDE

Recettes originales du Royaume de Siam

Collection Tables du Monde, Periplus Editions

Recettes : Sven Krauss, Laurent Ganguillet et Vira Sanguanwong

Photographies : Luca Invernizzi Tettoni

Introduction : William Warren

Réalisé avec la collaboration de l'hôtel Beaufort Sukhothaï

Traduction française : Agnès Piganiol

LES ÉDITIONS DU PACIFIQUE

Sommaire

LA CUISINE THAÏLANDAISE

CUISINER THAÏLANDAIS

LES RECETTES

La cuisine Thaïlandaise

*"Dans l'eau, le poisson,
dans les champs, le riz."*

Cette célèbre inscription gravée dans la pierre est attribuée au roi de Sukhothaï Ramkhamhaeng, dont le royaume, fondé au début du XIIIe siècle, fut le premier royaume thaï indépendant. Elle témoigne d'une richesse naturelle qui devait permettre à plusieurs capitales de se développer le long de la fertile vallée de la rivière Chao Phraya, et atteste qu'à cette époque, le riz et le poisson étaient déjà les composants essentiels du régime thaï.

La culture du riz avait commencé à se développer bien avant l'arrivée des Thaïs, donnant naissance à un vaste ensemble de rizières, irrigué par un système complexe de canaux, de rivières et de réservoirs. Le poisson foisonnait dans ces innombrables cours d'eau ainsi que dans les mers.

Au cours des siècles, de nouveaux ingrédients d'origines diverses vinrent s'ajouter à ces deux composants de base. Certains provenaient de pays voisins comme la Chine ou l'Inde, d'autres de contrées plus lointaines telles que la Perse et le Portugal, ou même l'Amérique du Sud, comme l'indispensable piment. Mais quelle que fût leur origine, tous ces ingrédients, transformés, raffinés, ont donné une cuisine spécifiquement thaïe dont on peut dire qu'elle n'a pas son pareil dans le monde.

Les divers plats qui ont fait la renommée de cette cuisine sont restés longtemps ignorés du monde extérieur. La Thaïlande étant le seul pays du Sud-est asiatique à avoir gardé son indépendance pendant la période de la colonisation, peu d'Occidentaux avaient alors le privilège de goûter à ces incomparables mélanges de saveurs douces et fortes, aigres et salées, que n'offraient ni la cuisine indienne, ni la cuisine malaise ou indonésienne, malgré certaines similitudes.

Même ceux qui séjournaient dans le pays n'avaient guère l'occasion d'apprécier la véritable cuisine. Dans les grandes villes comme Bangkok, la plupart des restaurants pour étrangers étaient, encore tout récemment, chinois ou européens. Il fallait être invité dans un foyer pour découvrir le raffinement de la cuisine traditionnelle, qui demandait des heures de préparation, une étonnante dextérité, et des méthodes héritées de plusieurs générations.

Tout cela, bien sûr, a considérablement changé. Depuis une dizaine d'années, la cuisine est devenue un phénomène international. Certains chefs occidentaux ont trouvé dans ses saveurs et ses techniques une nouvelle source d'inspiration. En Thaïlande même, les spécialités régionales sont beaucoup plus répandues et il y a des établissements spécialisés dans l'art raffiné de la "cuisine du palais".

La cuisine thaïe est donc entrée dans une ère nouvelle, et les plaisirs qu'elle offre feront sans aucun doute de plus en plus d'adeptes.

Pages 4-5 : *des moines traversent la cour d'un temple de Chiang Mai, dans le nord de la Thaïlande.*
À gauche : *cette charmante peinture évoque la vie du village, où vivent encore la majorité des Thaïs, malgré le développement de Bangkok et d'autres villes de moindre importance.*

Le pays et ses habitants

Des rizières aux pierres précieuses : un pays aussi riche et diversifié que sa population

Les images que les étrangers ont de la Thaïlande varient en fonction des goûts et des tempéraments. Pour certains, c'est d'abord le pays des temples et des palais dorés, pour d'autres c'est une plage de sable blanc, ou un village exotique perché dans les montagnes au milieu des brumes, pour d'autres enfin c'est Bangkok et sa réputation de grande ville tapageuse. Mais toutes ces représentations donnent une idée trop partielle de la réalité, car la Thaïlande, comme sa cuisine, est un mélange de saveurs très diverses, marqué par une histoire tout à fait singulière.

Les plaines centrales de Thaïlande sont l'une des régions productrices de riz parmi les plus riches du monde.

Avec une superficie de quelque 514.000 kilomètres carrés – à peu près celle de la France –, la Thaïlande présente une topographie très variée. À l'extrême nord, aux confins de la Birmanie et du Laos, les montagnes s'élèvent à plus de 2.500 mètres. On y trouve des vallées verdoyantes et des forêts de teck qui couvraient autrefois de vastes territoires.

Le nord-est est constitué d'un plateau quasi désertique dont les ondulations s'étendent jusqu'au Mékong, tandis que les plaines centrales, arrosées par la rivière Chao Phraya, forment l'une des régions les plus riches du monde pour la production de riz. L'isthme étroit qui relie, au sud, la Thaïlande à la Malaisie, entre le golfe de Siam et l'océan Indien, est parcouru en son centre par une chaîne de montagnes calcaires aux contours déchiquetés.

Un climat généralement doux permet des récoltes toute l'année, non seulement de riz mais aussi de fruits et de légumes. Même aujourd'hui, malgré le développement des zones urbaines, la grande majorité de la population réside dans des villages d'environ 150 foyers (700 habitants) qui tirent leur subsistance de l'agriculture. Parmi les autres ressources naturelles, il faut citer les minéraux, les pierres précieuses comme les rubis et les saphires, et les produits de la mer que l'on trouve en abondance le long des côtes de l'océan Indien à l'ouest et de la mer de Chine à l'est.

D'autres peuples avant les Thaïs ont été attirés par ce pays de cocagne. On a retrouvé des traces de peuplement datant du paléolithique, c'est-à-dire d'environ 500.000 ans, dans plusieurs régions. Des archéologues ont trouvé, dans une grotte près de la frontière birmane, les restes carbonisés de diverses plantes, comme la châtaigne d'eau chinoise, la courge et le concombre, datant de 9700 à 6000 ans av. J.-C. La découverte la plus importante a été faite dans le nord-est du pays, où ont été mis au jour les vestiges d'une civilisation qui fut florissante de 4000 ans av. J.-C. jusqu'au début de l'ère chrétienne et qui connaissait, notamment, la culture du riz et une métallurgie du bronze sophistiquée.

Plus tard, les marchands indiens créèrent des ports dans le sud de la péninsule, apportant le bouddhisme mais aussi d'autres influences culturelles et culinaires. Vers la même époque, les Môn s'établirent dans la vallée de la Chao Phraya et fondèrent le royaume Dvaravati, qui fut un producteur de riz et un centre religieux importants. Leur pouvoir fut remplacé par celui des Khmers, dont l'empire s'étendait sur tout le nord-est du pays et sur une grande partie du centre.

Les Thaïs n'étaient, à l'origine, qu'une ethnie minoritaire de l'actuelle Chine du sud. Soucieux de leur indépendance, ils émigrèrent petit à petit vers le sud à la recherche de meilleures terres agricoles. Les premiers groupes d'émigrants s'établirent dans le nord et constituèrent une fédération de villes-états autour de Chiang Mai. D'autres s'aventurèrent plus au sud, jusqu'à la bordure nord des plaines centrales. Dès le XIIIe siècle, les Thaïs étaient devenus si nombreux qu'ils finirent par renverser leurs suzerains Khmers et fonder leur propre royaume.

Ce royaume reçut le nom de Sukhothaï, ce qui, en sanscrit, signifie "Aube du bonheur". Il ne dura pas plus de deux siècles, mais son influence s'exerça bien au-delà. Sous le règne de Ramkhamhaeng, le plus grand roi de Sukhothaï, se développa une véritable culture thaïe : de cette époque datent l'alphabet, et de superbes œuvres d'art bouddhique.

En Thaïlande, on attache une grande importance à la nourriture, que ce soit pour une fête religieuse ou pour le repas de midi du fermier pris à l'ombre en bordure d'une rizière.

La seconde capitale, Ayutthaya, qui n'était, en 1350, qu'une petite ville-état sur la rivière Chao Phraya, devint, en quatre siècles, l'une des villes les plus cosmopolites de l'Asie du sud-est. Au cours de cette période, la culture thaïe s'enrichit de multiples éléments nouveaux. Les premiers contacts furent établis avec l'Europe et une grande activité commerciale se développa avec d'autres pays d'Asie. À la fin du XVIIe siècle, Ayutthaya avait atteint son apogée, et sa population, représentant plus d'une douzaine de cultures différentes, était plus importante que celle de Londres.

Moins d'un siècle plus tard, Ayutthaya tomba aux mains des envahisseurs birmans, qui dispersèrent la population et brûlèrent toute la ville. Mais les Thaïs se ressaisirent avec une étonnante rapidité, et dans les quinze années qui suivirent, ils réussirent à chasser les Birmans et établirent une capitale provisoire plus loin, à Thonburi. En 1782, un jeune chef militaire dynamique, prenant le nom de Rama 1er, fonda la dynastie Chakri actuellement sur le trône, et déplaça la capitale sur l'autre rive de la rivière Chao Phraya. C'est ainsi que naquit Bangkok.

En période de moisson, où le riz est coupé à la main et souvent battu sur place, on emporte son repas au champ et on mange dans un coin ombragé à proximité du lieu de travail. ***À droite*** *: les rizières vues d'avion ressemblent à un échiquier noir, vert et doré.*

Tout avait été conçu pour rappeler la splendeur de l'ancienne capitale d'Ayutthaya. Un grand nombre de palais et de temples furent construits sur le modèle de ceux de la ville disparue. De la même façon, un important réseau de canaux, encombrés de toutes sortes de bateaux, tenait lieu de rues.

Mais la prospérité amena des changements radicaux dans ce paysage typiquement thaï. Si les souverains de la dynastie Chakri réussirent à préserver l'indépendance du royaume, les immigrants chinois, très nombreux, et les commerçants occidentaux y apportèrent une grande diversité. À la fin du XIXe siècle, les routes s'étendaient loin de la rivière et Bangkok prenait de plus en plus l'allure d'une grande ville occidentale.

Les changements furent moins spectaculaires dans les campagnes, où subsistaient les anciennes structures. Certaines régions surtout, comme l'extrême nord et le nord-est, restèrent relativement isolées jusqu'à une époque récente, et continuèrent à suivre la tradition, en cuisine comme dans d'autres aspects de leur culture. Bangkok elle-même, malgré les apparences, demeure plus thaïe qu'on ne l'imagine, car une grande partie de ses habitants sont des villageois venus chercher du travail en ville, mais encore imprégnés de leurs traditions.

Surtout connus pour leurs sourires radieux, leur joie de vivre et leur faculté d'adaptation évidente, les Thaïs ont également d'autres traits de caractère, qu'un visiteur de passage aura peut-être plus de mal à discerner : à savoir une ténacité qui leur a permis de l'emporter sur ceux qui voulaient le même territoire, une passion de l'indépendance et, surtout, une exceptionnelle capacité à absorber les influences de l'extérieur sans renoncer à leur propre identité.

Évolution de la cuisine en Thaïlande

Une extraordinaire mosaïque

L'art décoratif thaï se caractérise avant tout par un extrême souci du détail, particulièrement apparent dans la composition des mosaïques de porcelaine et de verre colorés qui ornent tant d'édifices religieux. De loin on a l'impression de surfaces parfaitement lisses et homogènes ; de près on distingue les différents composants et on réalise, alors, avec quelle adresse ils ont été assemblés.

Il est facile de voir une analogie entre ces mosaïques et de nombreux aspects de la culture thaïe, y compris la cuisine. Des éléments d'une grande variété sont assemblés et disposés avec art pour créer une chose unique, d'un effet artistique surprenant.

Cette peinture murale du XIXe siècle représente le repas traditionnel, où l'on mange avec les doigts, assis par terre. ***À droite*** *: une des magnifiques œuvres d'art bouddhique produites au XIIIe siècle au royaume de Sukhothaï (Aube du Bonheur).*

On est peu renseigné sur la cuisine de Sukhothaï, d'où proviennent beaucoup de choses considérées comme typiquement thaïes. Il est clair, néanmoins, que, d'après la célèbre inscription du roi Ramkhamhaeng, le riz et le poisson en constituaient les ingrédients de base. Les fruits étaient, sans doute, également abondants, ainsi que les champignons et diverses variétés de légumes. Une denrée manquait pourtant : le piment. Venu d'Amérique centrale et d'Amérique du sud, il ne fit son apparition dans les cuisines asiatiques que plusieurs siècles plus tard, avec l'arrivée des premiers Européens.

On en sait un peu plus sur Ayutthaya, grâce à des voyageurs français qui visitèrent le royaume au XVIIe siècle et dont une partie des récits était consacrée à l'art de la table. Simon de Loubère, venu avec une mission diplomatique en 1637, fut frappé par la frugalité du régime thaï. Le sel était un produit rare, et le poisson, pourtant si abondant, n'était pas souvent consommé frais.

«Un Siamois, écrivait-il, fait un très bon repas avec une livre de riz par jour, qui ne coûte pas plus d'un liard, et un peu de poisson séché ou salé, qui ne vaut guère plus... Leurs sauces sont simples : un peu d'eau avec quelques épices, de l'ail, ou quelque herbe douce. Ils apprécient beaucoup une sauce liquide, comme de la moutarde, faite d'écrevisses décomposées parce qu'elles ne sont pas assez salées, et qu'ils appellent *Kepi*.»

Nicolas Gervaise, un missionnaire jésuite, notait que le *Kapi*, cette pâte de crevettes fermentées,

«a une odeur si forte qu'elle donne la nausée à quiconque n'y est pas habitué» et fournit peut-être la recette d'un condiment typique dont la base est faite de «sel, poivre, gingembre, canelle, clous de girofle, ail, oignons blancs, muscade et plusieurs herbes très parfumées... mélangés à cette pâte de crevettes»

Malgré son apparente simplicité, on voit bien que la cuisine thaïe devenait déjà plus sophistiquée. La présence des clous de girofle et de la muscade témoigne du commerce avec les Indes orientales, et le fait que de nombreux Chinois, Japonais, Malais et Indiens vivaient à Ayutthaya rend tout à fait vraisemblables d'autres influences. Aucun des auteurs français ne mentionne le piment de façon spécifique, mais il est probable qu'il était déjà utilisé, soit qu'il eût été importé par les Portugais, dont les relations avec la Thaïlande ont commencé en 1511, soit qu'il fût arrivé *via* Malacca ou l'Inde. Les Portugais sont aussi à l'origine d'un certain nombre de friandises, à base de sucre et de jaunes d'œufs, très appréciées des Thaïs, et c'est encore eux, peut-être, qui ont introduit la tomate, originaire du Nouveau Monde.

Les assaisonnements à base de piments qui, pour nous, sont typiques de la cuisine thaïe, étaient sans doute employés à l'époque de Rattanakosin, ou de Bangkok, comme l'atteste un texte de Sir John Bowring, daté de 1855 : «Les Siamois préparent des quantités considérables de curry pour leur consommation quotidienne. Ces curries sont généralement si forts qu'ils emportent la bouche d'un Européen.»

Browsing, manifestement, apprit à apprécier ces "comestibles brûlants" en particulier la sauce appelée *nam prik*, qui, explique-t-il, «s'obtient en écrasant une petite quantité de piment rouge dans un mortier, auquel on ajoute du *kapi* (pâte de crevettes), du poivre noir, de l'ail et des oignons. Une fois ces ingrédients bien mélangés, on ajoute un peu de saumure et de jus de citron. On emploie également du gingembre, des tamarins et des graines de courge. Le *nam prik* est un des condiments les plus appétissants.»

Les nouilles de riz étaient probablement très répandues à Ayutthaya, où l'influence culinaire chinoise était considérable. Accommodées à la thaïe, elles devinrent un plat encore plus populaire à Bangkok. Sur des bateaux, le long des canaux qui quadrillaient la capitale, des vendeurs proposaient aux passants un plat de nouilles sautées avec des légumes et de la viande ou des crevettes, appelé *kwitiaow*, et vendu encore aujourd'hui sur les trottoirs de la ville.

Un autre type de cuisine, plus raffiné, prédominait dans les familles royales et aristocratiques. Dénommé parfois "cuisine du palais", il exigeait un grand savoir-faire pour mélanger les différents ingrédients et obtenir les nuances de goût les plus subtiles. Il demandait aussi des doigts experts pour sculpter en une multitude de formes les fruits et les légumes destinés à la décoration des plats. C'est dans le quartier des femmes du Grand Palais que se développaient ces talents, où de nombreuses filles de familles aristocratiques se préparaient à leur vie future.

Qu'elle soit simple ou recherchée, la cuisine thaïe, aujourd'hui, offre la même diversité. Certains plats se préparent en quelques minutes sur un petit réchaud à charbon de bois. Pour d'autres, il faut passer des heures à couper, moudre ou hâcher. Cela peut varier d'une région à l'autre. Mais quoi qu'il en soit, la cuisine reste une création originale, malgré les influences qui l'ont façonnée au cours des siècles.

À gauche : *les remèdes à base de plantes sont encore pré parés selon des prescriptions figurant dans d'anciens manuscrits.*

Cuisine régionale

Variations sur un thème de base, dans un pays d'une grande diversité géographique

La plupart des amateurs de cuisine thaïe ont sans doute appris à l'apprécier dans des restaurants de par le monde, ou lors d'un séjour touristique souvent limité à Bangkok. Ce que beaucoup ignorent peut-être, c'est que cette cuisine varie considérablement d'une région à l'autre. Parfois les différences sont insignifiantes, mais dans certains cas, elles sont très importantes. Si bien qu'un voyage dans les provinces peut être une expérience culinaire intéressante, en même temps que l'occasion de découvrir une variété de beaux paysages.

Pour le kantoke*, repas traditionnel du nord de la Thaïlande, on est assis autour d'une table basse ronde.* ***À gauche :*** *jeunes filles de la ville de Lampang, dans la région du nord.*

Dans les montagnes du nord, par exemple, près des frontières avec la Birmanie et le Laos, la cuisine a un caractère bien particulier, comme l'artisanat, pour lequel cette région est réputée. Les Thaïs, venus de Chine, ont commencé à s'y établir, en fondant de petites principautés, regroupées plus tard en une fédération du nom de Lanna, dont Chiang Mai constituait le centre.

Par la suite, des conflits éclatèrent à la fois avec la Birmanie et le nouvel état thaï d'Ayutthaya dans les plaines centrales. Passé plus tard sous l'autorité administrative de Bangkok, le royaume du Lanna demeura à l'écart du reste du pays jusqu'à la construction d'une voie ferrée, en 1921.

Ce long isolement a permis à cette région de préserver sa propre culture : sa langue (aussi différente du thaï du centre que l'espagnol du portugais), son artisanat (laque, argenterie et bois sculpté), ses coutumes (mettre une jarre remplie d'eau fraîche devant sa maison pour les passants assoiffés), et sa cuisine.

Au tendre riz, cuit à l'eau, de la région centrale, le Nord préfère un riz gluant cuit à la vapeur, roulé en petites boules et trempé dans une sauce. Les curries de cette région sont moins épais, et sans lait de coco, très utilisé au contraire dans les cuisines du centre et du sud. Il existe aussi une version particulière de *Nam Prik Ong*, qui est une sauce servie avec des légumes crus et de la couenne de porc frite, et une saucisse de porc appelée *Naem*, consommée nature accompagnée de riz, ou mêlée à d'autres plats. Quand c'est la saison, le fruit le plus apprécié est le succulent *longan*, qui pousse dans presque tous les villages.

L'influence de la Birmanie et du Laos voisins apparaît dans beaucoup de plats du nord, comme le populaire *Khao Soi*, d'origine birmane, un bouillon au curry avec des nouilles aux œufs et du poulet, du porc ou du bœuf; ou bien le *Gaeng Hang Lay*, un curry de porc au gingembre, au tamarin et au curcuma. Parmi les apports laotiens, il y a le *Nam Prik Noom*, sauce relevée au piment et citron vert, et l'*Ook Gai*, curry de poulet rouge à la citronnelle.

Il existe dans le Nord une forme de dîner appelé *kantoke*. Ce nom vient de *kan*, "bol", et de *toke*, une table basse ronde en bambou tressé, naturel ou laqué. Les convives sont assis par terre autour de la table, sur laquelle sont disposés toute une variété de plats régulièrement regarnis par une hôtesse attentive, et chacun se sert librement.

Aux champignons sauvages des forêts, s'ajoutent maintenant plusieurs variétés de champignons cultivés.

Comme le Nord, le nord-est de la Thaïlande a aussi longtemps été tenu à l'écart du monde cosmopolite de Bangkok. Mais moins pour des raisons géographiques, qu'à cause du préjugé social venant des citadins. L'*Isan*, comme l'appellent les Thaïs, était la plus pauvre des quatre grandes régions, avec un sol stérile et des sécheresses dévastatrices qui poussaient les fermiers à aller chercher du travail dans la capitale, comme ouvriers, chauffeurs de taxi, ou domestiques.

Les gens venus d'ailleurs, non sans quelque méfiance, trouvaient généralement la cuisine de l'Isan "bizarre". Il est vrai que certains mets sont inhabituels : on peut citer pour exemples les larves et les sauterelles, les œufs de fourmis, le curry d'escargot et le poisson fermenté à l'odeur terriblement forte. Mais d'autres plats moins exotiques de cette région sont de plus en plus appréciés, à tel point qu'ils figurent au menu de grands restaurants de Bangkok et qu'ils sont recherchés par les plus fins connaisseurs. Certains amateurs considèrent même qu'un *Som Tam* (salade de papaye verte épicée) ou un *Laab* (porc ou poulet émincé, encore plus épicé) sont les plats de référence qui permettent de reconnaître un bon cuisinier, quel que soit l'endroit où il exerce son art.

Si les habitants de l'Isan "mangent n'importe quoi", comme le disent ceux des autres régions, ils font preuve d'une grande imagination créative. Le poulet grillé ou *Gai Yang* est cuit copieusement arrosé de sauce au poivre et à l'ail; le poisson-chat est la base d'un délicieux curry et la sauce *Laab* est faite de viande crue et de riz concassé grillé.

Pour faire le *Haw Mok*, on écrase du poisson avec de la pâte de curry et on le cuit à la vapeur dans une feuille de banane, ce qui donne une mousse très savoureuse. Le bœuf, denrée relativement rare, est mariné et grillé, et tous les restes accommodés avec de la menthe fraîche, des oignons verts et des piments pour faire une salade très relevée. Les gens du nord-est ont tendance à utiliser le piment plus que ne le font ceux des autres régions, peut-être parce qu'il donne du caractère au plat le plus ordinaire.

La cuisine du nord-est est très marquée par le Laos qui se trouve de l'autre côté du Mékong, et cela n'est pas surprenant car la majorité de la population en est originaire. L'aneth, que les Thaïs appellent *pak chee Lao* ou "coriandre laotien", s'utilise comme garniture, et le riz gluant est préféré au riz normal. Un autre plat laotien est très populaire pour les fêtes, le *Khanom Buang* : une crêpe farcie avec de la crevette séchée, des pousses de soja et d'autres ingrédients.

La cuisine du nord-est, ou de l'Isan, que les autres Thaïs regardaient autrefois avec suspicion, est maintenant reconnue.

Le sud de la Thaïlande est constitué par une étroite péninsule qui descend jusqu'à la Malaisie, complètement différente du reste du pays tant par ses paysages que par sa culture. Une jungle épaisse recouvre les pentes escarpées des montagnes calcaires arrosées par les pluies huit mois par an, et les zones cultivées sont généralement des plantations d'hévéas ou de cocotiers plutôt que des rizières ou des vergers, familiers des plaines centrales. Des villages qui bordent les deux côtes, l'une sur le golfe de Thaïlande, l'autre sur l'Océan indien, des milliers de bateaux partent chaque jour pour la pêche. Une partie des produits de la mer est destiné à la consommation locale, le reste à l'exportation.

Les dômes des mosquées sont caractéristiques des paysages du sud, où vivent la plupart des musulmans de Thaïlande qui constituent la minorité religieuse la plus importante. Ils sont concentrés dans les provinces limitrophes de la Malaisie, où l'on parle le malais autant que le thaï. Dans des endroits comme Songkhla et l'île de Pukhet, les Chinois dominent et confèrent à ces lieux leurs teintes particulières.

La cuisine du sud reflète la plupart de ces caractères, culturels ou autres, en même temps que les influences évidentes d'un passé plus ancien, du temps où les marchands en provenance de l'Inde ou de Java venaient mouiller dans ses ports. Les noix de coco abondent et fournissent du lait pour épaissir les soupes et les curry, de l'huile pour la friture, et leur chair râpée agrémente de nombreux plats.

Dans les mers, on trouve d'énormes poissons, des langoustes, des crabes, des moules, des calamars, des crevettes et des coquilles Saint-Jacques, tandis que les plantations locales produisent des noix cajou, servies souvent en apéritif ou en garniture, et des ananas petits mais juteux qui sont très appréciés en dessert.

Les produits de la mer peuvent être préparés simplement, grillés ou cuits à la vapeur ; ou d'une façon

L'isthme de Kra, au sud de la Thaïlande, est baigné par la mer d'Andaman et les eaux du golfe de Thaïlande, qui abondent en poissons et fruits de mer de toutes sortes.

plus élaborée, cuits au four avec de fines nouilles et de l'ail ; ou bien utilisés comme composant de base pour le *Tom Yam*, fameuse soupe relevée de citronnelle et de piments. Les gens du sud mangent une nourriture très épicée. Ils aiment particulièrement le goût amer d'un haricot local, de forme plate, appelé *sataw*, dont les autres Thaïs sont moins friands.

Parmi les plats venus d'autres cultures, il faut mentionner le *Gaeng Mussaman*, un curry style indien avec de la cardamome, des clous de girofle, de la cannelle, du poulet ou du bœuf. Il y a aussi les curries malais de poisson et le *satay* indonésien, fait de morceaux de viande marinés piqués sur des brochettes, servis avec une sauce de cacahuètes relevée.

La quatrième région est constituée par les plaines du Centre. C'est la région thaïe par excellence – un vaste damier de rizières, de vergers et de jardins maraîchers – d'où provient le meilleur riz, parfumé, blanc et nacré. Là aussi poussent les meilleurs fruits : mangues, durians, mangoustans rouge rubis, rambutans poilus, goyaves craquantes, papayes et pomélos, et même une variété tropicale de raisin. Parmi les légumes, il faut citer le chou, les champignons, les belles-de-jour, les concombres, les tomates et les potirons, ainsi que des espèces introduites plus récemment comme l'asperge et le maïs nain.

Dans les villages au cœur des rizières, la nourriture est plutôt simple : du riz avec des légumes sautés, du poisson, parfois du poulet émincé avec de l'ail, des piments et du basilic, et une salade d'œufs salés.

À Bangkok, on trouve tout, y compris les mets régionaux les plus exotiques. Il suffit de savoir où chercher. On peut y découvrir la “cuisine royale”, dont les spécialités, réputées pour leur élégance, sont servies dans les grands restaurants. Mais ce que la ville offre de plus typique, ce sont ces repas à base de nouilles chinoises, servis un peu partout à la demande dans les cafés, ou par des marchands ambulants poussant leurs carrioles le long des rues. Ce type de repas savoureux, nourrissant, souvent d'une grande qualité, est représentatif de la ville grouillante. Il est un bon exemple de cet art de confectionner un mets de choix avec les ingrédients les plus simples.

Cuisine de la rue

Les cuisiniers de la rue et leur rôle dans la vie quotidienne

Arrivent d'abord les engins qui construieront les fondations d'un de ces gigantesques immeubles qui se dressent, semble-t-il, dans presque toutes les rues de Bangkok. Puis viennent les ouvriers qui installent une série de baraques provisoires. Enfin, apparaissent les cuisiniers ambulants, prêts à servir aux passants un repas rapide, bon marché et surtout pratique. Une rue thaïe sans ces marchands est aussi difficile à imaginer qu'une rue sans voitures.

"Repas à emporter" : vue par un artiste, une scène de la vie quotidienne en Thaïlande, où les petites voitures des vendeurs ambulants et les stands des rues font partie intégrante du paysage.

Le succès a fait de cette cuisine une catégorie culinaire à part entière, qui se caractérise par la vitesse d'exécution et par un équipement facile à transporter, donnant la possibilité de manger sur le pouce ou de faire une repas plus substantiel à toute heure.

Il peut s'agir d'un simple fruit fraîchement coupé et saupoudré de sel, de sucre, de piments séchés ou de ces trois condiments à la fois. Ou bien d'un choix de friandises traditionnelles, préparées à la maison par le marchand, et disposées d'une manière alléchante dans une vitrine. D'autres cuisiniers proposent des plats de nouilles qui peuvent constituer un déjeuner rapide et nourrissant. Pour faire le fameux *kwitiaow*, on verse quelques louches de bouillon de viande sur un bol de nouilles de riz fraîchement cuites, on y ajoute du porc ou du poulet déjà cuit, et on saupoudre le tout de sucre, de cacahuètes pilées et de flocons de piment. Pour le *Pad Thaï*, on fait rapidement sauter les nouilles avec de l'ail, des oignons verts, des crevettes séchées salées et toute une variété d'épices.

Le *Gai Yang* est un poulet grillé au charbon de bois et souvent accompagné d'un plat de riz gluant et d'une salade de papaye verte.

Invoquant l'hygiène publique, les gouverneurs de Bangkok ont tous essayé d'interdire la rue à ces marchands ambulants, qui, selon eux, obstruaient les trottoirs et créaient du désordre. Mais ils ont tous échoué pour la simple raison que cette activité répond à un évident besoin pour bon nombre de citadins. Si le repas sur le pouce devenait impossible, comme l'écrivait avec indignation un fervent défenseur de ce type de cuisine, "ce serait la fin de la civilisation telle que nous la connaissons."

Cuisine du Palais

Derrière les murs du palais : les raffinements de la cuisine royale

C'était «une ville qui se suffisait à elle-même, un réseau serré de maisons et de petites rues avec des jardins, des pelouses, des lacs artificiels et des boutiques. Elle avait son propre gouvernement, ses institutions, ses lois et cours de justice. C'était une ville de femmes, contrôlée par des femmes.»

C'est ainsi que le Dr Malcolm Smith, médecin de certains membres de la famille royale au début du siècle, décrivait le palais intérieur, partie la plus secrète du Grand-Palais de Bangkok où résidaient les femmes de la cour. À son apogée, sous le règne de Rama V, on en comptait pas moins de trois mille. Quelques privilégiées avaient le titre de Reine, mais la majorité étaient des dames d'honneur et de simples servantes.

Ces fruits et légumes sculptés qui ont demandé des heures de travail et une extraordinaire habileté sont caractéristiques de la cuisine royale.

Nombre d'observateurs étrangers n'ont pas compris ce qu'était ce "palais intérieur", en particulier les missionnaires, qui l'ont perçu comme la manifestation la plus évidente de la polygamie, institution qu'ils désapprouvaient. Certains même qui y avaient eu accès, comme Anna Leonowens, n'hésitaient pas à employer le terme de "harem", ou celui de"amazones" à propos de la garde féminine, et à considérer ses habitantes quasiment comme des prisonnières.

En vérité, le palais intérieur était une sorte d'école très exclusive destinée à parfaire l'éducation, où l'on apprenait les raffinements aristocratiques. La fille d'un noble qui avait passé la totalité ou une partie de sa jeunesse dans cette atmosphère confinée était un parti très recherché, car elle avait les aptitudes requises pour diriger une maison élégante dès son retour dans le monde.

Pendant leurs loisirs, les femmes s'initiaient aux arts les plus raffinés, en particulier à l'art de la décoration florale, tressant des couronnes de fleurs parfumées aux motifs très recherchés. Elles façonnaient aussi de minuscules poupées d'argile d'une finesse extraordinaire. Mais surtout elles apprenaient à confectionner des mets d'un goût délicat et d'un merveilleux effet décoratif.

Ce qui caractérisait la "cuisine du palais" – que l'on retrouvait, en fait, dans la plupart des maisons aristocratiques, c'étaient les longues heures de travail consacrées à la préparation et les qualités artistiques de la présentation. Parmi les spécialités représentatives de cette cuisine, on peut citer le *Foi Thong* qui est un mélange de jaunes d'œufs et de sucre transformé en nid de soyeux fils dorés, ou les *Look Choop* qui sont des imitations de fruits en réduction façonnés à la main à partir d'une pâte de haricots et de lait de coco, et colorés de telle façon qu'ils soient exactement conformes à leurs modèles. Il y a également le *Mee Grob* qui, selon un écrivain représente «l'exemple même de la cuisine du palais». C'est un plat de nouilles de riz croustillantes et de crevettes à la sauce aigre-douce, qui, pour être parfait, demande un très long temps de préparation.

Mais le plus étonnant de ces arts du palais était la sculpture des fruits et des légumes. Pastèques, mangues, tomates, citrouilles, oignons verts, piments, racines de gingembre et autres innombrables garnitures et douceurs devenaient des fleurs, des feuilles et des motifs abstraits sous le couteau habile du sculpteur, et la confection de ces œuvres d'art demandait parfois plus de temps que la préparation des plats qu'elles ornaient.

La polygamie royale prit fin sous le règne de Rama IV. Quelques femmes parvinrent à rester au palais – une, au moins, y demeurait encore à la fin des années soixante – mais, peu à peu, les dames du palais intérieur et leurs nombreuses dames d'honneur quittèrent leur existence protégée pour en trouver une autre, fort différente, à l'extérieur des hautes murailles. Aujourd'hui encore, les rues jadis si animées et les élégants palais sont fermés au monde du dehors, même si quelques femmes y viennent encore et, assises à l'ombre d'arbres vénérables, continuent à façonner les belles guirlandes et autres arrangements floraux offerts par la famille royale lors des innombrables cérémonies qu'elle préside.

Ces porcelaines de cinq couleurs du palais Vimarn Mek sont des porcelaines de Bencharong, spécialement créées en Chine pour satisfaire le goût des Thaïs.

Heureusement, la cuisine du palais n'a pas disparu avec le monde secret où elle était née. Elle a survécu à travers les descendants des femmes de la cour et, surtout ces dernières années, elle a été découverte par un plus large public grâce à plusieurs restaurants qui s'enorgueillissent des créations de cette cuisine unique qu'ils ont ressuscitée.

Le repas thaïlandais

Les plaisirs et les règles d'un repas thaï

Quel que soit l'endroit où l'on mange – dans un restaurant, sur un trottoir, sous la véranda ouverte d'une ferme, ou au milieu d'une rizière à l'époque de la moisson – un repas thaï est presque toujours une affaire sociale. De nos jours, dans la plupart des zones urbaines, on utilise généralement une table et des chaises pour dîner, sauf dans les foyers ruraux où l'on se contente souvent du sol, couvert de plusieurs nattes en roseaux. Les couverts occidentaux sont devenus d'usage courant, à part les couteaux, car dans un repas thaï bien préparé les aliments sont présentés en petits morceaux. Mais on utilise une grande cuillère pour se servir de riz et une fourchette pour pousser les aliments sur l'assiette.

Dans le nord et le nord-est, où l'on préfère le riz gluant cuit à la vapeur, on se sert de ses doigts pour former des boulettes qu'on trempe dans des plats plus liquides. Pour les plats de nouilles chinoises, on donne parfois des baguettes, et une cuillère en porcelaine chinoise pour les soupes et certains desserts.

Un grand récipient de riz est toujours au centre de la table. Autour sont disposés les autres plats et les condiments, à l'exception du dessert. Les convives sont libres de se servir, dans l'ordre qu'ils veulent, et mélangent les plats à volonté en les assaisonnant avec les condiments pour obtenir le goût souhaité. Ainsi la soupe peut être consommée indifféremment au début ou à la fin du repas, de même que la salade. Les seules constantes sont le riz, qui accompagne presque tout, et le dessert que l'on apporte généralement une fois les autres plats enlevés.

Le repas thaï idéal vise à être un mélange harmonieux de saveurs épicées, aigres et douces, et doit satisfaire à la fois l'œil, le nez et le palais. Tantôt plusieurs de ces saveurs sont subtilement mélangées dans un seul plat, et tantôt une d'entre elles prédomine. Outre le riz, un repas typique peut comprendre une soupe, un ou deux curries, une salade, un plat frit et un cuit à la vapeur.

On trouvera aussi une grande variété de sauces et de condiments : le *nam pla*, indispensable substitut du sel fait avec du poisson fermenté, le *nam prik*, qui est du *nam pla* mélangé à des piments hachés et autres ingrédients, des piments séchés écrasés ainsi que des frais très épicés, de l'ail au vinaigre, de la sauce de piment locale, et des légumes frais tels que concombres, tomates et oignons verts.

Le dessert le plus courant est constitué d'un ou plusieurs de ces fruits délicieux dont regorge la Thaïlande, mais pour un repas de fête, on peut servir des desserts plus élaborés tels que le *Foi Thong* ("fils d'or") ou les petites coupes en feuille de banane de Takaw, à base de tapioca, de sucre et de noix de coco, auxquelles on donne les formes les plus variées.

À gauche *: on ne trouve guère de tables pour deux chez les Thaïs, si ce n'est au restaurant, car le dîner est un bon moment qui se partage à plusieurs.*

Cuisiner thaïlandais

Malgré les ustensiles et les méthodes modernes, certains instruments traditionnels sont irremplaçables

Bon nombre des divers ustensiles de base utilisés pour la préparation des aliments n'ont pas changé au cours des années. D'autres ont été remplacés par des modèles plus modernes et moins chers (mais pas toujours plus efficaces) et ne se trouvent plus que chez les antiquaires, admirés pour leur beauté mais n'ayant plus d'usage pratique pour la cuisinière thaïe.

Dans un foyer traditionnel thaï, il n'y a pas si longtemps, la cuisine, séparée de la maison principale, était essentiellement équipée d'un fourneau. Comme il n'y avait ni gaz ni électricité, le combustible était généralement du charbon de bois, ou du bois quand il y en avait à proximité, comme dans les régions forestières du nord. Beaucoup de cuisiniers thaïs de renom soutiennent que seul le charbon de bois peut donner la qualité de chaleur désirée pour certains plats, et gardent un petit réchaud à charbon de bois à côté de la cuisinière à gaz ou électrique dont sont maintenant équipés tous les foyers modernes, du moins dans les villes.

Le modèle de fourneau le plus ancien, aujourd'hui presque disparu, était un système ingénieux appelé *cherng kran*, constitué d'une base en terre cuite en forme de cuvette munie d'un rebord, sur laquelle se posait un récipient ; le combustible était placé sous ce récipient, au fond de la cuvette. Cet instrument avait l'avantage de prendre peu de place et d'être transportable (exactement comme la maison thaïe traditionnelle qui était faite de plusieurs éléments préfabriqués et pouvait être démontée). Le *cherng kran* fit place à des fourneaux à charbon de bois plus importants, mais toujours transportables, puis à des fourneaux intégrés en maçonnerie. Cette évolution est peut-être à l'image de celle des Thaïs qui tendaient à se fixer au fur et à mesure que se développaient les villes.

La cuisson de la plupart des plats thaïs se fait à une vitesse étonnante et ne nécessite qu'un petit nombre d'ustensiles, dont les plus importants sont quelques poêles en fer, genre wok, de tailles différentes, une spatule à bord arrondi pour remuer, et un jeu de casseroles pour faire bouillir.

La préparation des divers ingrédients, en revanche, prend, beaucoup plus de temps. Peler, hacher, râper, moudre, mélanger et mariner, sont des

Ci-contre *: bien que plus jolis, les ustensiles de cuisine en terre cuite sont aujourd'hui souvent remplacés par des casseroles en métal.*
À gauche *: le delta de la Chao Phraya offre souvent le spectacle de ces marchés flottants, où tout ce dont la ménagère peut avoir besoin est empilé sur de petits bateaux à rame, et transporté le long des rivières et des canaux.*

opérations indispensables qui nécessitent parfois des heures de travail et un outillage particulier.

Parmi les instruments utilisés, il faut mentionner le *kude maprow* ou râpe à noix de coco, l'un des plus décoratifs. À l'origine, sans doute, un simple siège, à l'extrémité duquel était fixée une râpe en fer, avec un plateau pour recueillir la chair de noix de coco râpée, le tout taillé dans une seule pièce de bois. L'utilisateur, à cheval sur le siège, faisait tourner une moitié de noix de coco autour des dents de la râpe, ce qui était plus difficile qu'on ne croit car le moindre dérapage risquait d'entraîner une douloureuse coupure. Le *kude maprow* est devenu ensuite plus élaboré, avec un siège sculpté dans des formes variées, souvent celle d'un lapin (peut-être à cause des dents saillantes) mais aussi d'autres animaux ou d'humains, et témoignant d'un grand sens artistique. De nos jours ces instruments sont rares et très recherchés par les collectionneurs, mais on a toujours besoin d'appareils pour râper et pour obtenir le lait de coco qui forme la base de tant de recettes.

***Ci-dessus** : les râpes à noix de coco traditionnelles sont de plus en plus rares, mais les paniers en mailles métalliques (ci-dessous, à droite) sont toujours indispensables.*

Les ménagères thaïes qui ont accès à un marché peuvent acheter de la noix de coco râpée fraîche et la presser avec de l'eau pour faire le lait. Les cuisinières n'habitant pas en Asie et ne disposant pas de râpe à noix de coco électrique doivent se contenter de produits de remplacement comme la noix de coco en poudre ou la crème de coco en boîte.

D'autres instruments classiques ont survécu plus longtemps que la râpe à noix de coco. Le *krok* et le *saak*, le mortier et le pilon, traditionnellement en pierre et en bois, mais qui existent également en terre cuite et en métal, sont toujours indispensables pour broyer et piler les épices qui donnent ses saveurs caractéristiques à la cuisine thaïe. Normalement il y en a deux types : un profond pour piler verticalement et un autre, plus plat, pour broyer.

Beaucoup de cuisinières attachées à la tradition affirment que les robots et mixeurs modernes ne peuvent donner les mêmes résultats qu'un mortier et un pilon, mais la plupart des cuisinières occidentales préfèreront sans doute la vitesse et la facilité d'exécution aux vieilles méthodes laborieuses. Si on utilise un mixeur pour hacher des ingrédients comme l'échalote, l'ail, les piments, ou la citronnelle, il faut d'abord les couper en morceaux ou en tranches et mixer les plus durs (galanga, citronnelle) avant les autres. On peut y ajouter, si nécessaire, un peu de liquide de cuisson (huile, lait de coco ou eau), pour faciliter la rotation des lames.

Rien, pourtant, ne remplace vraiment l'épais billot et le hachoir tranchant qui permettent de hacher du plus fin au plus gros, et que l'on peut trouver dans la plupart des magasins de spécialités asiatiques.

Dans une cuisine thaïe, on trouvera également des paniers à mailles métalliques munis d'un long manche en bois ou en bambou, utilisés pour plonger les aliments dans l'huile de friture, ou les nouilles dans l'eau bouillante

et pour faire blanchir les légumes. Leur forme varie en fonction de l'usage : il en existe de peu profonds pour la friture, et de plus profonds pour les nouilles et les légumes, et on en voit dans tous les marchés. (On peut trouver des articles du même genre dans les grands magasins occidentaux. Ils sont peut-être moins jolis mais ils remplissent les mêmes fonctions.)

Pour beaucoup de plats de base, il est également indispensable d'avoir un récipient pour cuire à la vapeur. Aujourd'hui beaucoup sont métalliques, parfois même électriques, mais dans les provinces, on se sert encore de récipients traditionnels, comme ces plats en bambou empilés les uns sur les autres avec un couvercle sur celui du haut ; ou, dans le nord et le nord-est, cet élégant ustensile sur pied appelé *kong khao*, utilisé pour cuire le riz gluant et pour le transporter en voyage ou dans les champs.

Outre ces ustensiles, d'autres plus exotiques, difficiles à trouver hors de Thaïlande, ont chacun une utilisation bien spécifique. L'un d'eux, le *ka po*, est constitué d'une coque de noix de coco, coupée aux trois quarts, dans le fond de laquelle sont percés de petits trous ; deux baguettes parallèles sont fixées avec du rotin aux deux côtés du bord supérieur de manière à pouvoir poser la coque sur un récipient d'eau bouillante. On verse dans ce bol la farine de riz, le tapioca, ou la pâte de haricots *mung* qu'on presse pour obtenir un dessert en forme de nouilles, qui est ensuite égoutté et servi froid. Le *lachong* est une plaque de métal perforée qui ressemble à une râpe à fromage et à travers laquelle on fait passer la pâte en pressant.

On utilise aussi couramment des instruments en cuivre ou en bronze pour la confection de certains desserts plus compliqués. Pour le classique *Foi Thong*, ou «fils d'or» fin dessert à base de jaune d'œuf apporté par les Portugais à l'époque d'Ayutthaya, on se sert d'un cône muni de deux petites ouvertures. Un distributeur de sauce muni d'un petit trou (comme la bouteille de sauce de soja Kikkoman) peut aussi être utilisé, mais il faut une certaine pratique pour arriver à faire ces «fils d'or».

Il existe encore un autre ustensile curieux qui est une sorte de moule en forme de coquillage, généralement en cuivre, avec un long manche en bois. Ce moule est d'abord trempé dans l'huile chaude, puis dans de la pâte et de nouveau dans l'huile, et la pâte, en cuisant, forme de petites coupes fines et croustillantes. Une fois garnies, ces petites coupes, ou *krathong*, font de délicieux amuse-gueule. (On trouve presque les mêmes en Malaisie et à Singapour).

Certains de ces ustensiles sont aujourd'hui disponibles dans des boutiques occidentales spécialisées en cuisine asiatique. Si vous allez en Thaïlande, une visite au marché pour trouver l'ustensile souhaité ne fera qu'ajouter au plaisir du voyage.

***Ci-dessus** : une passoire en bambou et des paniers de rangement tressés (ci-dessous, à gauche), aussi jolis que pratiques.*

Ingrédients

Les ingrédients de base de l'authentique cuisine thaïe

AGAR AGAR : gélifiant extrait d'une algue qui solidifie les desserts et les gâteaux sans réfrigération. Saupoudrez le liquide d'agar-agar et portez doucement à ébullition, en remuant jusqu'à dissolution. Utilisez une cuillère à café pour 1 à 1 tasse et demie de liquide.

AIL (*kratiem*) : fréquemment mélangé avec la racine de coriandre et le poivre noir, l'ail est utilisé en grandes quantités. Les gousses sont souvent plus petites en Asie du Sud-Est qu'en Occident, et il faut en tenir compte dans les recettes.

ANIS ÉTOILÉ (*poy kak bua*) : c'est une épice séchée en forme d'étoile, de teinte marron foncé, au fort parfum d'anis.

AUBERGINE (*ma-khue puang*) : plusieurs types d'aubergine sont utilisés, de l'aubergine un peu amère de la taille d'un pois aux variétés allongées, vertes, blanches ou violettes, qui mesurent entre 20 et 25 cm de long.

BAMBOU (POUSSES DE) (*naw mai*) : les pousses fraîches de plusieurs variétés de bambou constituent un excellent légume. Il faut d'abord les peler, les couper, et les faire cuire à l'eau bouillante pendant environ trente minutes jusqu'à ce qu'elles soient tendres. Les pousses de bambou en boîte doivent être égouttées pour enlever tout goût de métal, puis cuites à l'eau bouillante pendant 5 minutes.

BASILIC : le basilic le plus utilisé, appelé *horapa*, ressemble au basilic doux européen. On l'emploie abondamment comme condiment et, en brins, sur les crudités. Le basilic citronné, ou *manglak*, d'une couleur plus claire et à l'odeur de citron caractéristique, est utilisé dans les soupes et les salades. Le *kaprow*, parfois appelé "basilic sacré", est rarement utilisé.

BERGAMOTTE (*ma-grood*) : parfois appelé citron lépreux, cet agrume a une peau bosselée et très

Basilic Horapa

Basilic Kaprow

Basilic Manglak

Céleri

odorante, mais presque pas de jus. La peau s'emploie souvent râpée dans la nourriture, tandis que les feuilles peuvent être utilisées entières dans les soupes, les plats liquides et les curries, ou finement ciselées sur des salades.

CÉLERI (*ceun chai*) : le céleri thaï, beaucoup plus petit que celui que nous utilisons en Occident, a des tiges plus fines, et il est très parfumé. Les feuilles et parfois les tiges sont utilisées dans les soupes, dans certains plats de riz et également avec des légumes sautés. Cette variété de céleri est facile à trouver dans tous les magasins de produits asiatiques.

CHAMPIGNONS : plusieurs variétés de champignons frais sont utilisées, comme les champignons de paille, au goût délicat, les champignons-boutons, les champignons-huîtres, plus doux, et les champignons chinois séchés, de couleur marron foncé, qu'il faut faire tremper dans l'eau tiède avant de les utiliser pour les ramollir. Il y a également une sorte de champignon gris-brun, appelé *hed hunu* (oreille de rat), à l'aspect fripé et qui, utilisé sec et trempé dans l'eau chaude, quadruple de volume. Il est apprécié pour sa consistance un peu caoutchouteuse dans des salades et des plats sautés.

CHÂTAIGNE D'EAU (*haew*) : bien que ces tubercules à peau brune, soient difficiles à éplucher, cela vaut vraiment la peine de les acheter fraîches si on en trouve. Leur consistance croquante et leur goût sucré sont très appréciés dans les salades, certains plats de légumes sautés et même dans des desserts.

CHOU SALÉ (*pak kad khem*) : plusieurs espèces de choux fortement salés sont utilisées dans certains plats chinois. Il faut les faire tremper dans l'eau pendant au moins quinze minutes afin d'ôter l'excès de sel, et répéter l'opération autant de fois que nécessaire.

CIBOULETTE CHINOISE (*kui chai*) : assez semblable aux oignons verts plats, cette ciboulette a un parfum d'ail beaucoup plus marqué que la ciboulette occidentale.

COCO (LAIT DE) (*nam maprow*) : la chair des noix de coco mûres est râpée, puis pressée, sans eau, pour faire la crème de coco. Pour obtenir un lait de coco épais, on ajoute à peu près une demi-tasse d'eau par noix de coco, on presse et on égoutte. Si l'on veut un lait de coco plus liquide, on ajoute encore deux tasses d'eau à la noix de coco déjà pressée. Sauf indications contraires, le lait de coco, dans ce

Piments

Champignons

Coriandre

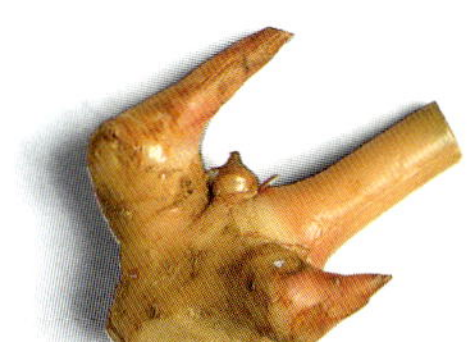

Galanga

livre, est un mélange des deux sortes. À défaut de noix de coco fraîche, on peut employer de la crème de coco en boîte, diluée selon les instructions, ou de la noix de coco en poudre mélangée avec de l'eau.

CORIANDRE (*pak chee*) : les Thaïs doivent être les plus grands consommateurs de coriandre sous toutes ses formes. La coriandre fraîche, d'un parfum inimitable, garnit un nombre incalculable de plats : soupes, salades, mélanges sautés, ragoûts. Pilées avec de l'ail et du poivre noir, les racines sont couramment utilisées comme assaisonnement de base et, pour certains plats, on emploie les graines séchées. Il n'existe pas de produit de remplacement pour la coriandre fraîche (appelée parfois *cilantro* à l'étranger), mais il est de plus en plus facile d'en trouver, et on peut en faire pousser soi-même aisément.

CREVETTES (PÂTE DE) (*kapi*) : on trouve plusieurs sortes de *kapi* de différentes couleurs allant du rose au brun foncé. On utilise le premier pour les pâtes de curry, l'autre pour les sauces d'accompagnement. Il faut cuire la pâte de crevettes avant de la consommer. Dans certains cas, on la fait frire avec d'autres ingrédients, mais si la recette ne le précise pas et en prescrit simplement l'utilisation pour une sauce d'accompagnement dont les autres ingrédients sont crus, il faut faire griller la pâte sans matière grasse avant de piler.

CREVETTES SÉCHÉES (*kung haeng*) : les crevettes séchées, de différentes sortes, sont utilisées dans de nombreux plats et surtout dans les sauces. Les petites crevettes, d'environ 1 cm, ne sont pas décortiquées. Il n'est généralement pas nécessaire de les faire tremper avant usage. Les grosses crevettes, plus faciles à trouver à l'étranger, sont beaucoup plus charnues et souvent plus longues, et sont vendues décortiquées. Il vaut mieux les faire tremper 5 minutes dans l'eau tiède avant usage.

CUMIN (*mellet yira*) : cette épice est parfois ajoutée aux pâtes de curry. En thaï, on emploie le même mot pour le cumin, le fenouil et le carvi, qui ont le même aspect, ce qui prête parfois à confusion.

CURCUMA (*kamin*) : ce rhizome de la famille du gingembre, à l'intérieur jaune-orange vif (qui peut tacher les vêtements et les ustensiles en plastique), a un goût très relevé qu'on ne trouve pas dans le curcuma en poudre. Une demie cuillerée à café de curcuma en poudre peut remplacer 1 cm de curcuma frais.

Bergamote

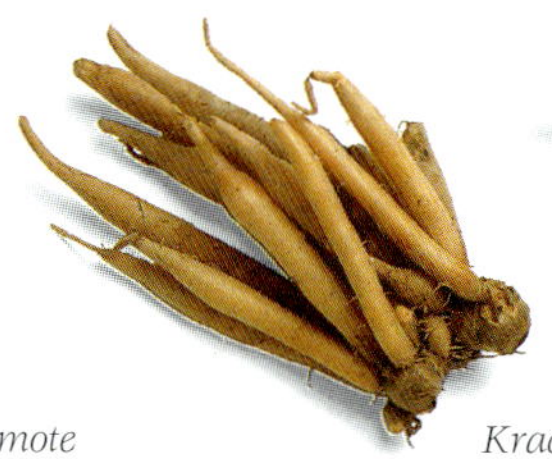
Krachai

Citronnelle

Champignons de paille

ÉCHALOTES (*hormlek*) : les petites échalotes rondes, rose-violet, donnent un léger goût d'oignon à de nombreux plats, et sont aussi utilisées en tranches et frites comme garniture.

GALANGA (*kha)* : c'est un rhizome de la famille du gingembre, dont il a l'aspect, et qui donne un délicieux parfum à de nombreux plats thaïs. Les tranches de galanga séché (parfois vendu sous son nom indonésien, *laos*) doivent tremper dans l'eau bouillante pendant environ 30 minutes, jusqu'à ce qu'elles soient tendres. À défaut de racine fraîche, on peut utiliser le galanga en conserve importé de Thaïlande.

GINGEMBRE (*king*) : n'utilisez que le gingembre frais pour la cuisine thaïe. Le gingembre en poudre a un parfum tout à fait différent. Le jeune gingembre, jaune pâle légèrement teinté de rose, est plus juteux que le gingembre mûr, dont la peau marron clair doit être grattée avant usage.

HUITRE (SAUCE D') : la plupart des marques de sauce d'huître (souvent utilisée en même temps que la sauce de poisson ou de soja) contiennent du glutamate de sodium et rehaussent le goût des plats.

JASMIN (ESSENCE DE) (*yod nam malee*) : de nombreux desserts thaïs sont parfumés au jasmin. On fait tremper pendant une nuit des fleurs de jasmin fraîches, et on utilise ensuite l'eau de trempage pour parfumer le lait de coco. On peut également utiliser de l'essence de jasmin toute préparée en bouteille.

KRACHAI (*Kaemferia pandurata ou Boesenbergia pandurata*) : ce rhizome peu courant qui ressemble à une poignée de doigts brun-jaune, et rappelle le gingembre, est apprécié pour sa douceur et sa consistance croquante. Le *krachai* séché ne vaut pas le frais.

LISERON D'EAU (*pak hung)* : connue aussi en Thaïlande sous le nom de belle-de-jour (*kangkung* en Indonésie, en Malaisie et à Singapour), cette plante aquatique est un légume délicieux très nutritif. Les jeunes pousses sont souvent servies avec d'autres crudités qu'on trempe dans des sauces épicées, tandis que les feuilles et les bouts tendres sont également utilisés sautés. Il faut jeter les tiges dures et creuses.

LYS (BOUTONS DE) SÉCHÉS (*Dok mai jeen)* : utilisées dans des plats et des soupes d'origine chinoise, ces fleurs séchées d'un brun doré sont parfois attachées ensemble afin de les rendre plus décoratives. Il faut enlever l'extrémité dure de chaque fleur.

Champignons

Feuilles de pandanus

Échalotes

Pâte de crevettes

MENTHE (*bai saranee*) : la même qu'en Occident. Elle est souvent utilisée dans les salades.

MUN KAEW : appelée *jicama* en Amérique, d'où elle est originaire, cette tubercule douce, blanche à l'intérieur, est recouverte d'une peau beige et se pèle facilement. Elle est très bonne consommée crue, trempée dans une sauce, mais peut également se manger cuite.

NOUILLES : il en existe plusieurs variétés faites avec de la farine de riz, de blé ou de haricots mung. Les plus populaires sont les nouilles de riz plates fraîches (*kwitiaow*) ; les nouilles de riz fraîches en forme de spaghetti (*kanom jeen*), qui ressemblent aux nouilles *laksa* de Malaisie et de Singapour ; les nouilles fraîches aux œufs (*ba mee*) ; les nouilles de blé sèches ; les vermicelles secs (*sen mee*), et aussi les nouilles sèches transparentes ou nouilles gélatineuses (*woon sen*) qui sont faites à partir de l'amidon des haricots mung et sont utilisées aussi bien dans les soupes que dans les salades.

ŒUFS SALÉS (*kai khem*) : les œufs de canard salés sont utilisés en accompagnement ou pilés pour faire une sauce. Faites-les bouillir pendant environ 10 minutes avant de les éplucher.

OIGNONS BLANCS (*ton horm*) : connus sous le nom de cive ou cebette, ils possèdent une longue tige blanche à la base et des feuilles d'un vert sombre.

PALME (SUCRE DE) (*nam taan peep*) : fabriqué avec la sève du cocotier ou de l'aréquier, le sucre de palme peut être d'une couleur dorée ou brun clair. Il est très parfumé et moins sucré que le sucre de canne. On peut le remplacer par du sucre roux ou du sucre de canne blanc avec une goutte de sirop d'érable ou de la mélasse raffinée.

PANDANUS (FEUILLES DE) (*bai toey hom*) : cette feuille odorante est utilisée pour envelopper des bouts de poulet ou des côte de porc assaisonnés, et pour divers types de desserts et de gâteaux. Pour les desserts, on peut lui substituer l'essence de pandanus en bouteille.

PIMENT : les piments sont utilisés en abondance dans la cuisine thaïe. Il y en a de plusieurs sortes : le piment vert, rouge ou jaune (*prik chee*), à peu près de la taille d'un doigt, est moyennement fort ; les piments rouges séchés sont broyés pour faire des flocons ou de la poudre de piment. Les tout petits piments-oiseaux rouges, verts ou jaune orangé (*prik kee noo*) sont très forts et sont utilisés dans les

Oignon blanc

Curcuma

Liseron d'eau

Mun kaew

soupes, dans certaines préparations liquides ou des curries, ainsi que dans des sauces.

PIMENT (SAUCE AU) : les piments mélangés avec de l'eau et assaisonnés de sel, de sucre et de vinaigre, sont vendus en bouteilles et en bocaux. La marque la plus connue est la marque Siracha. Certaines sauces sont plus douces que d'autres, et accompagnent avec bonheur le poulet ou les fruits de mer. La pâte de piment qu'on appelle *nam prik pow* est parfois désignée sous le nom de "pâte de piment doux brûlé".

POISSON SECHÉ (*pla haeng*) : de nombreuses variétés de poisson d'eau douce sont salées et séchées au soleil ; on ne les fait pas tremper dans l'eau avant de s'en servir, mais on les fait griller ou on les coupe en tranches fines que l'on fait frire jusqu'à ce qu'elles soient croustillantes.

POISSON (SAUCE DE) (*nam pla*) : on ne peut concevoir la cuisine thaïe sans cette sauce au goût caractéristique, qui est faite avec des crevettes ou du poisson fermentés. Le *nam pla* de bonne qualité est brun-doré et a une forte saveur salée. Il s'emploie comme la sauce de soja pour les Chinois.

POIVRE (*prik Thaf*) : le poivre noir semble avoir joué le rôle du piment jusqu'à l'introduction de celui-ci en Thaïlande. On l'utilise encore beaucoup. Les grains de poivre sont broyés ou moulus juste avant utilisation pour en conserver au maximum le goût et la fraîcheur. Pour certains plats, on emploie aussi du poivre vert.

RIZ (ALCOOL DE) : un peu d'alcool de riz chinois est souvent utilisé pour améliorer la saveur de plats d'origine chinoise. Il est possible de le remplacer par du sherry sec, mais les magasins d'alimentation chinois en sont généralement pourvus.

SÉSAME (HUILE DE) (*naman ngaa*) : sert à l'assaisonnement de certains plats, et s'ajoute généralement à la dernière minute.

SOJA (FROMAGE DE) : on utilise plusieurs sortes de fromages de soja en Thaïlande. Le fromages de soja blanc et mou (*tau hoo*) est souvent cuit à la vapeur et utilisé dans les soupes, tandis que les petits carrés de soja durs (*tau kwa*) sont la plupart du temps frits. Les petits cubes de fromages de soja séché frits (*tau hoo tod*) sont utilisés dans les plats mijotés et certaines soupes. Le fromages de soja au vinaigre (*tau hoo yee*), rouge ou blanc, souvent vendu en bocal, sert, en toutes petites quantités, pour l'assaisonnement des plats d'origine chinoise.

SOJA (HARICOTS DE), SALÉS (*taujiew*) : ces haricots au goût salé caractéristique sont souvent légèrement pilés avant d'être utilisés pour assaisonner le poisson, les nouilles ou certains plats de légumes. Ceux qui viennent de Chine portent la mention "Yellow bean sauce" (sauce de soja jaune). Il y a également des marques qui ajoutent du sucre à des haricots déjà pilés.

TAMARIN (*mak-kaam*) : la pulpe de tamarin séchée est d'abord trempée dans l'eau pendant 5-10 minutes, puis pressée et passée à travers un tamis afin d'en extraire le jus acide et parfumé. Si on utilise de la pulpe déjà passée ou concentrée, il faut alors réduire les quantités indiquées dans les recettes.

Les recettes

Les préparations de pâtes de curry et de sauces d'accompagnement précèdent les recettes qui débutent en page 42

Les portions

Dans les maisons thaïes, la nourriture est rarement servie en portions individuelles. Habituellement, le riz et les plats qui l'accompagnent sont posés sur la table et chacun se sert à sa convenance. Il est donc difficile d'estimer le nombre exact de portions pour chaque recette. En règle générale, cependant, les recettes de ce livre sont prévues pour 4-6 personnes, le repas comprenant par ailleurs du riz et trois autres plats.

Les assaisonnements

Pour les piments, la sauce de poisson (qui sert de sel en Thaïlande), le sucre et le jus de citron vert, les quantités sont données à titre indicatif. Rappelez-vous qu'on peut toujours compléter l'assaisonnement au moment de servir mais qu'on ne peut le réduire.

PÂTES DE CURRY

Les pâtes de curry de base (voir recettes pages suivantes) peuvent être conservées dans un bocal de verre fermé pendant 1 mois au réfrigérateur, ou pendant 3-4 mois au congélateur.

Mesures

Les mesures de ce livre sont souvent données en volume : 1 **tasse** contient 250 ml ; 1 **cuillère à café** contient 5 ml ; 1 **cuillère à soupe** contient 15 ml, ou l'équivalent de 3 cuillères à café.

Temps de préparation

Les estimations de temps ne concernent que la préparation et non la cuisson.

- ⌚ rapide et facile à préparer
- ⌚⌚ assez facile ; temps de préparation inférieur à 15 mn
- ⌚⌚⌚ temps de préparation supérieur à 15 mn

À gauche : *dans le sens des aiguilles d'une montre, en partant du bas à droite : Nam Prik Noom, Nam Prik Gai Kem, Kapi Kua, Tau Jiew Lon, Nam Prik Pla Yaang, Nam Prik Thai Orn, Nam Prik Kapi.*

Nam Prik Gaeng Ped • *Pâte de curry rouge*

1 cuil. à soupe de graines de coriandre
1 cuil. à café de graines de cumin
13 piments-oiseaux séchés, coupés, trempés 15 mn dans l'eau chaude et épépinés
3 cuil. à soupe d'échalotes finement hachées
4 cuil. à soupe d'ail finement haché
1 cuil. à soupe de galanga finement haché
2 cuil. à soupe de citronnelle finement hachée
2 cuil. à café de peau de bergamote hachée
1 cuil. à soupe de racine de coriandre hachée
20 grains de poivre noir
1 cuil. à café de pâte de crevettes

Faites griller les graines de coriandre et de cumin à feu doux, pendant environ 5 mn, dans un wok, sans matières grasses, puis réduisez-les en poudre. Mettez les autres ingrédients, sauf la pâte de crevettes, et passez au mixeur. Ajoutez le mélange d'épices pilées et la pâte de crevettes, passez le tout au mixeur pour obtenir une pâte fine (environ $^3/_4$ de tasse).

Nam Prik Pow • *Pâte de piment*

50 cl. d'huile végétale
8 échalotes émincées
6 gousses d'ail émincées
1 tasse de crevettes séchées
$^1/_2$ tasse de petits piments séchés
1 cuil. à soupe de sucre de palme
3 cuil. à soupe de sauce de poisson
$1^1/_2$ cuil. à soupe de jus de tamarin
$^1/_3$ cuil. à café de sel

Chauffez l'huile dans un wok et faites dorer les échalotes et l'ail. Retirez et égouttez. Ajoutez les crevettes et les piments séchés, et faites les dorer à leur tour. Retirez et égouttez.

Passez au mixeur ou pilez au mortier les crevettes, l'ail, les piments, les échalotes et le sucre jusqu'à ce que le mélange soit homogène. Ajoutez la sauce de poisson, le jus de tamarin, le sel et l'huile refroidie du wok, et mélangez pour obtenir une pâte très fine.

Nam Prik Gaeng Kheow Wan • *Pâte de curry vert*

1 cuil. à soupe de graines de coriandre
1 cuil. à café de graines de cumin
15 piments-oiseaux verts
3 cuil. à soupe d'échalotes finement hachées
1 cuil. à soupe d'ail finement haché
1 cuil. à café de galanga finement haché
1 cuil. à soupe de citronnelle émincée
$^1/_2$ cuil. à café de peau de bergamote hachée
1 cuil. à café de racine de coriandre hachée
5 grains de poivre noir
1 cuil. à café de sel
1 cuil. à café de pâte de crevettes

Faites griller la coriandre et le cumin dans un wok, sans matières grasses, pendant environ 5 mn, puis réduisez-les en poudre. Passez au mixeur le reste des ingrédients, sauf la pâte de crevettes. Ajoutez les épices et la pâte de crevettes et mélangez soigneusement jusqu'à obtenir une demi-tasse de pâte fine.

Nam Prik Gaeng Mussaman •
Pâte de curry Mussaman

3 cuil. à soupe d'échalotes finement hachées
1 cuil. à soupe d'ail finement haché
1 cuil. à café de galanga finement haché
1 cuil. à soupe bien pleine de citronnelle hachée
2 clous de girofle
1 cuil. à soupe de graines de coriandre
1 cuil. à café de graines de cumin
5 grains de poivre noir
3 piments séchés, coupés, trempés dans l'eau chaude pendant 15 mn et épépinés
1 cuil. à café de sel
1 cuil. à café de pâte de crevettes

Faites griller dans un wok sans matières grasses les échalotes, l'ail, le galanga, la citronnelle, les clous de girofle, les graines de coriandre et de cumin, à petit feu, pendant environ 5 mn, puis les réduire en poudre. Ajoutez le reste des ingrédients sauf la pâte de crevettes, et passez au mixeur. Ajoutez la pâte de crevettes au mélange obtenu et passez de nouveau au mixeur pour obtenir une demi-tasse de pâte fine.

SAUCES D'ACCOMPAGNEMENT

Nam Prik Gai Kem • *Sauce aux œufs salés*

3 gousses d'ail
3-4 piments rouges
2 œufs salés, durs
2 cuil. à soupe de jus de citron vert
$^1/_2$ cuil. à soupe de sauce de poisson
1 cuil. à café de sucre

Pilez ensemble l'ail et les piments. Ajoutez les œufs salés et pilez le tout. Assaisonnez avec le jus de citron vert, la sauce de poisson et le sucre. Mélangez bien. Servez avec des légumes et du poisson frit ou grillé.

Nam Prik Thai Orn • *Sauce au poivre vert*

2 cuil. à soupe de grains de poivre vert frais ou en bocal
3 gousses d'ail
1 cuil. à café de sucre
$^1/_2$ cuil. à soupe de crevettes séchées
2-3 cuil. à soupe de jus de citron vert
6 fruits acides tels que pommes ou mangues vertes, coupés en tranches

Si on utilise du poivre vert en bocal ou en boîte, rincez pour ôter toute trace de saumure. Pilez ou mixez l'ail avec 1 cuillère à soupe de poivre dans un mortier, puis ajoutez le sucre, les crevettes séchées et le jus de citron vert. Mélangez bien et ajoutez l'autre cuillère à soupe de poivre. Remuez jusqu'à ce que tout soit bien mélangé. Servez avec les fruits, des légumes et du poisson frit ou grillé.

Nam Prik Kapi • *Sauce aux piments et crevettes*

1 cuil. à soupe de crevettes séchées, petites ou grosses, trempées dans l'eau
5 gousses d'ail
9 piments-oiseaux
1$^1/_2$ cuil. à soupe de pâte de crevettes grillée
1 cuil. à soupe de sucre de palme
1 cuil. à soupe de sauce de poisson
2-3 cuil. à soupe de jus de citron vert

Pilez ensemble les crevettes séchées, l'ail et les piments. Ajoutez la pâte de crevettes, le sucre de palme, la sauce de poisson et le jus de citron vert, et mélangez soigneusement. Servez avec des légumes crus ou cuits et du poisson frit ou grillé.

Nam Prik Noom • *Sauce aux piments verts*

1 cuil. à soupe de maquereau séché salé, haché
4 cuil. à soupe d'huile d'arachide ou de maïs
10 gros piments verts, grossièrement hachés
10 gousses d'ail, grossièrement hachées
6 échalotes, grossièrement hachées
1 tomate
2 cuil. à soupe d'eau chaude
1 cuil. à soupe d'oignon vert haché
1 cuil. à soupe de feuilles de coriandre hachées
sauce de poisson, à volonté (facultatif)

Faites revenir le poisson séché dans l'huile à feu moyen pendant 7-10 mn et laissez égoutter.

Faites griller 8-10 mn à la poêle, les piments, l'ail et les échalotes, en remuant jusqu'à ce que le parfum se dégage. Pilez légèrement ou mixez rapidement avec le poisson, puis avec la tomate. Ajoutez l'eau, l'oignon vert et la coriandre.

Mélangez bien le tout. La sauce devrait être assez liquide et légèrement salée. Si ce n'est pas le cas, rajoutez de l'eau ou de la sauce de poisson.

Cette sauce très épicée est traditionnellement servie avec du riz gluant ainsi que du chou cru, des concombres coupés en tranches, des haricots verts crus et/ou du poisson frit ou grillé.

Nam Prik Pla Yaang • *Sauce au poisson grillé*

3-4 piments-oiseaux
1 piment séché, coupé et trempé
3 gousses d'ail, grillées dans leur peau jusqu'à ce qu'elles brunissent
2 échalotes grillées de la même facon
1 tasse de poisson écaillé grillé
$^1/_2$ cuil. à café de pâte de crevettes grillée
2 cuil. à soupe de jus de citron vert
1 cuil. à soupe de sauce de poisson
1 cuil. à soupe de sucre
1 cuil. à soupe de jus de bergamote

Pilez les piments-oiseaux. Ajoutez le piment séché, coupé et trempé, l'ail épluché et les échalotes et continuez à pilez jusqu'à obtenir une pâte fine. Ajoutez-le jus de citron vert, la sauce de poisson et le sucre. Mélangez bien et incorporez le jus de bergamote. Servez avec des légumes et du poisson grillé ou frit.

Tau Jiew Lon • *Sauce aux haricots de soja*

1,25 cl de lait de coco
7 échalotes, émincées ou écrasées
1 tasse de haricots de soja salés (*tau jiew*) rincés
125 g de grosses crevettes, finement hachées
125 g de porc, finement haché
1 cuil. à soupe de sucre de palme
2 œufs
5 cuil. à soupe de piment rouge en fines lanières
feuilles de coriandre fraîche pour la garniture

Faites bouillir le lait de coco. Ajoutez les échalotes, les haricots de soja salés, les crevettes, le porc et le sucre de palme. Mélangez bien et incorporez les œufs, l'un après l'autre, en remuant constamment. Faites réduire légèrement puis ajoutez le piment et garnissez de feuilles de coriandre.

Kapi Kua • *Sauce à la pâte de crevettes*

2 piments séchés, coupés et trempés
5 échalotes
5 tiges de citronnelle, émincées très finement
3 tranches de galanga
3 cuil. à soupe de *krachai* émincé
3 cuil. à soupe de pâte de crevettes grillée
1 tasse de poisson fumé grossièrement haché
1 l de lait de coco
1 cuil. à soupe de sucre de palme
2 cuil. à soupe de sauce de poisson
5 piments rouges

Pilez les piments séchés, les échalotes, la citronnelle, le galanga, le *krachai* et la pâte de crevettes avec la moitié du poisson fumé et mélangez soigneusement le tout. Faites chauffer le lait de coco et laissez réduire à petit feu jusqu'à ce que l'huile monte à la surface.

Ajoutez la pâte et continuez la cuisson jusqu'à ce que l'arôme se dégage. Incorporez le sucre, le reste du poisson, la sauce de poisson et les piments, et laissez mijoter jusqu'à épaississement. Mettez dans une casserole avec des crevettes grillées ou du poisson émietté, faites cuire à feu doux en remuant et réduisez la sauce. Laissez refroidir à température ambiante. Garnissez de coriandre au moment de servir.

Nam Prik Ong • *Sauce au porc et à la tomate*

5 piments séchés, coupés et trempés
1 cuil. à café de sel
1 cuil. à soupe de galanga émincé
3 cuil. à soupe d'oignon finement haché
1 cuil. à café de pâte de crevettes
5 gousses d'ail entières
75 g de porc haché
1 tasse de tomates coupées en tranches
2 cuil. à soupe d'huile
3 gousses d'ail hachées
1 bouquet de coriandre
12,5 cl d'eau
***Légumes frais* :**
concombre, haricot long, aubergine, carotte, chou
***Légumes cuits à l'eau* :**
haricot long, aubergine, citrouille, chou, fleur de bananier

Pilez les piments, le sel et le galanga dans un mortier ou passez au mixeur. Ajoutez l'oignon, la pâte de crevettes, les gousses d'ail entières, et mixez ou pilez soigneusement. Ajoutez le porc et continuez à mixer. Enfin, ajoutez les tomates et mélangez bien.

Faites chauffez l'huile dans un wok et faites revenir doucement l'ail haché. Dès que l'arôme se dégage, ajoutez le mélange pilé et continuez la cuisson à feu doux en remuant, jusqu'à ce que les ingrédients prennent un aspect un peu brillant. Ajoutez l'eau et maintenez la cuisson en remuant fréquemment jusqu'à ce qu'une bonne partie de l'eau soit évaporée et que le mélange devienne assez épais. Versez la sauce dans un bol, saupoudrez de feuilles de coriandre hachées et servez avec des légumes crus ou cuits à l'eau, ou avec l'un et l'autre.

Nam Prik Ong, une sauce au porc et à la tomate, entourée de légumes crus, d'un œuf de canard salé et de couenne de porc croustillante.

BOUILLON DE POULET

2,5-3 kg d'os de poulet
6 l d'eau
250 g d'oignon haché grossièrement
125 g de céleri haché grossièrement
1 cuil. à soupe des graines de coriandre
1 cuil. à café de grains de poivre noir

Lavez les os à l'eau froide puis mettez-les dans une marmite recouverts d'eau froide. Amenez rapidement à ébullition, puis égouttez et jetez l'eau. Recouvrez les os de 6 litres d'eau et ajoutez tous les autres ingrédients. Faites bouillir doucement pendant 4 heures, en écumant au fur et à mesure. Passez à travers un torchon.

Le bouillon peut être versé dans des récipients d'1 litre et conservé ainsi congelé pendant trois mois. Pour toute recette contenant du bouillon, préférez le bouillon fait maison. Les plats n'en seront que plus savoureux.

MIENG KUM

Amuse-gueule en feuilles

Ces préparations se dégustent à la maison plutôt que dans la rue ou au restaurant. En Thaïlande, de nombreuses variétés de feuilles d'arbres sont comestibles, mais on peut utiliser pour cette préparation des feuilles de laitue.

1 laitue ou une poignée de feuilles comestibles

Garniture :

5 cuil. à soupe de noix de coco râpée, dorée au four (chaleur moyennne)
3 cuil. à soupe d'échalotes coupées en petits dés
3 cuil. à soupe de citron vert coupé en petits dés
3 cuil. à soupe de gingembre coupé en petits dés
3 cuil. à soupe de crevettes séchées, hachées
3 cuil. à soupe de cacahuètes grillées non salées
2 cuil. à soupe de piments-oiseaux verts, hachés

Sauce :

1 cuil. à soupe de pâte de crevettes
$\frac{1}{2}$ cuil. à soupe de galanga émincé
$\frac{1}{2}$ cuil. à soupe d'échalotes émincées
2 cuil. à soupe de noix de coco râpée
3 cuil. à soupe de cacahuètes concassées non salées
2 cuil. à soupe de crevettes séchées hachées
1 cuil. à café de gingembre émincé
1 tasse de sucre de palme
60 cl d'eau

Commencez par préparer la sauce. Faites griller la pâte de crevettes, le galanga et les échalotes jusqu'à ce que l'arôme s'en dégage, puis laissez refroidir. Mettez dans un bol avec la noix de coco, les cacahuètes, les crevettes et le gingembre et passez le tout au mixeur, ou pilez à l'aide d'un mortier et d'un pilon pour obtenir une pâte fine.

Versez le mélange dans une casserole à fond épais avec le sucre et l'eau, mélangez soigneusement et amenez à ébullition. Faites réduire en maintenant la cuisson à feu doux. Quand vous obtenez à peu près une tasse de préparation, retirez du feu et laissez refroidir.

Pour servir, versez la sauce dans un bol et disposez les ingrédients en tas séparés dans des petites coupes.

Pour manger, prenez une feuille de laitue, mettez au milieu une petite quantité de chaque ingrédient, nappez d'une cuillerée de sauce et repliez la feuille avant de déguster.

KRATHONG THONG

Coquilles de poulet

À droite : *Krathong Thong (à gauche) et Tong Geon Yong (à droite). Voir page 46 pour la recette de Tong Geon Yong.*

Les délicates coquilles, fines et croustillantes, se font dans un moule en cuivre spécial appelé *krathong*. Mais on peut utiliser des fonds de tartes en pâte brisée ou même celles des bouchées à la reine.

Coquilles :

$\frac{1}{2}$ tasse de farine de riz
6 cuil. à soupe de farine
4 cuil. à soupe de lait de coco liquide
2 cuil. à soupe de fécule de tapioca
1 jaune d'œuf
$\frac{1}{4}$ cuil. à café de sucre
$\frac{1}{4}$ cuil. à café de sel
$\frac{1}{4}$ cuil. à café de bicarbonate de soude
1 l d'huile d'arachide ou de maïs

Garniture :

2 cuil. à soupe d'huile d'arachide ou de maïs
4 cuil. à soupe d'oignon coupé en petits cubes
200 g de porc ou de poulet cuit, finement haché
$\frac{1}{4}$ tasse de grains de maïs
2 cuil. à soupe de carotte coupée en petits dés
2 cuil. à soupe de sucre
$\frac{1}{4}$ cuil. à café de sauce de soja épaisse
$\frac{1}{2}$ cuil. à café de sel
$\frac{1}{2}$ cuil. à café de poivre blanc
feuilles de coriandre pour décorer
1 piment rouge coupé en fines lanières

Commencez par faire les coquilles en mélangeant tous les ingrédients dans un bol, sauf l'huile. Faites chauffer l'huile, puis trempez-y le moule pour le chauffer. Trempez ensuite le moule dans la pâte et replongez-le dans l'huile. Laissez frire 5 mn environ pour faire dorer la pâte, puis secouez pour détacher la coquille du moule. Posez-la sur du papier absorbant pour l'égoutter. Répétez l'opération pour faire 20-25 coquilles.

Préparez ensuite la garniture. Mettez l'huile dans un wok chaud et faites revenir 2 mn l'oignon avec le porc ou le poulet. Ajoutez le reste des ingrédients et laissez cuire pendant environ 3 mn, jusqu'à ce que les légumes commencent à devenir tendres. Laissez refroidir, puis répartissez la préparation dans les coquilles.

Décorez avec les feuilles de coriandre et le piment.

Astuce : si vous utilisez un *krathong*, assurez-vous qu'il est bien chaud avant de le plonger dans la pâte ; celle-ci doit adhérer au moule au moment où vous le replongez dans l'huile.

TONG GEON YONG & SAKUNA CHOMSUAN

Rouleaux farcis au porc et aux crevettes & Crevettes à la sauce aigre-douce

À droite : Sakuna Chomsuan. La photo de Tong Geon Yong se trouve page 45.

ROULEAUX FARCIS

L'utilisation de la peau de fromage de soja séché rappelle l'origine chinoise de cette recette. La farce peut être préparée à l'avance et les rouleaux terminés juste avant de les faire frire. ⌚

125 g de crevettes, petites ou grosses
125 g de porc, finement haché
1 cuil. à soupe de sauce de soja légère
1 cuil. à café de chacun des ingrédients suivants : racine de coriandre, ail et poivre en grains
carrés de peau de fromage de soja séché
1 l d'huile de maïs

Mélangez les crevettes et le porc avec la sauce de soja et la racine de coriandre, l'ail et le poivre pilés. Essuyez les feuilles de fromage de soja séché avec un linge humide et coupez en rectangles de 10x15 cm. Déposez sur chacun d'eux une cuillerée de farce et roulez comme un cigare.

Vous pouvez également découper des cercles d'environ 8 cm de diamètre et poser un peu de farce au milieu. Rapprochez les bords pour faire un petit paquet et ficelez avec un brin d'oignon vert.

Plongez les rouleaux dans la friture et cuisez à feu moyen pour les faire dorer. Servez avec de la sauce de soja ou de la sauce de prune.

CREVETTES À LA SAUCE AIGRE-DOUCE

C'est un hors-d'œuvre simple mais toujours populaire. Les crevettes peuvent être préparées à l'avance et frites juste avant de servir. Le sauce aigre-douce servie en accompagnement se trouve toute préparée dans le commerce. ⌚

500 g de crevettes fraîches
2 œufs, légèrement battus
400 g de chapelure
huile pour friture

Décortiquez les crevettes en jetant la tête mais en laissant la queue. Fendez le dos de chaque crevette, enlevez l'appareil digestif et aplatissez la crevette en forme de papillon en appuyant doucement avec la main. Trempez les crevettes dans l'œuf et la chapelure. Faites frire jusqu'à ce qu'elles soient dorées et servez avec la sauce aigre-douce.

CHOR LADDA

Boulettes de porc et de crevettes

La teinte très soutenue de ces boulettes s'obtient en laissant macérer une fleur bleue (*pangtao yaimon*), mais on peut employer également un colorant alimentaire.

Farce :

100 g de porc haché
100 g de grosses crevettes hachées
100 g de radis salé, haché
$^{1}/_{2}$ tasse de cacahuètes grillées, concassées non salées
$^{1}/_{2}$ cuil. à café de sel
2 cuil. à soupe de sucre
2 cuil. à soupe d'huile

Boulettes :

$^{1}/_{4}$ tasse de fécule de tapioca
environ 2 cuil. à soupe de fleurs *pangtao yaimom* séchées ou 1 cuil. à café de colorant alimentaire bleu
2 tasses de farine de riz
1 cuil. à soupe de lait de coco
2 cuil. à soupe d'huile
1 cuil. à soupe d'eau
feuille de banane ou feuille d'aluminium.
12,5 cl de crème de coco

Faites revenir tous les ingrédients de la farce ensemble jusqu'à ce qu'ils soient cuits, puis laissez refroidir.

Pour préparer les boulettes, mélangez tous les ingrédients. Faites cuire à feu doux en remuant constamment, jusqu'à ce que le mélange ait pris la consistance d'une pâte élastique. Couvrez d'un film étirable pour éviter que la pâte ne se dessèche pendant la confection des boulettes

Prélevez une petite boule de pâte et aplatissez la en forme de cercle d'un diamètre de 6 cm environ. Déposez au milieu une cuillerée de farce et refermez la pâte dessus en rapprochant les bords. Pour lui donner une forme de fleur, utilisez des pinces spéciales ou servez-vous de vos doigts. Posez sur une feuille de bananier ou une feuille d'aluminium huilée et déposez sur chaque boulette environ une cuillerée à café de crème de coco pour les empêcher de sécher.

Cuisez les boulettes à la vapeur pendant 8 mn. Servez chaud sur un lit d'ail doré croustillant et versez par-dessus la crème de coco.

Astuce : en Thaïlande, on utilise des pinces miniatures avec des dentelures à l'intérieur pour fermer la pâte et former les pétales. À défaut de cet ustensile très particulier, on peut se servir de ses doigts pour donner à la pâte une forme décorative.

TOM YAM GOONG

Soupe de crevettes à la citronnelle

Cette soupe très parfumée, au goût épicé et acide, est un des plats thaïlandais parmi les plus réputés dans le monde.

$^{3}/_{4}$ de l de bouillon de poulet (page 41)
3 feuilles de bergamote
5 cm de galanga
3 tiges de citronnelle
5-6 crevettes moyennes ou grosses
150 g de champignons de Paris
5 piments-oiseaux verts et rouges
4 cuil. à soupe de jus de citron vert, ou à volonté
$^{1}/_{2}$ cuil. à soupe de sauce de poisson, ou à volonté
une poignée de feuilles de coriandre fraîche

Portez le bouillon à ébullition, ajoutez la citronnelle, le galanga, la bergamote, les crevettes et les champignons. Laissez bouillir pendant 3-4 mn jusqu'à ce que les crevettes soient cuites, puis ajoutez le piment, le jus de citron vert et la sauce de poisson. Goûtez et ajoutez du citron ou de la sauce si besoin. La soupe devrait être piquante. Servez parsemée de coriandre fraîche.

Astuce : ne cuisez pas trop les crevettes pour qu'elles ne durcissent pas. Utilisez du bouillon de poulet fait maison : la soupe sera bien meilleure.

POH TAEK

Soupe de fruits de mer épicée

Les fruits de mer étant très abondants en Thaïlande, on les retrouve dans de nombreux plats. L'exquise saveur de cette soupe est rehaussée par différentes herbes à l'arôme citronné et le galanga.

1,5 l de bouillon de poulet (page 41)
150 g de bar ou autre poisson, nettoyé et coupé en 6 morceaux
5 grosses crevettes
1 crabe bleu, nettoyé, décortiqué, et coupé en 6 morceaux
6 moules dans leurs coquilles nettoyées
150 g de calamar, nettoyé et coupé en tranches de 2 cm d'épaisseur
2 tiges de citronnelle coupées en morceaux de 0,5 cm
8 cm de galanga coupé émincé
3 feuilles de bergamote
1 poignée de feuilles de basilic (*horapa*)
8 piments-oiseaux, légèrement écrasés
5 piments rouges séchés, légèrement grillés
$^{1}/_{4}$ cuil. à café de sucre de palme
3 cuil. à soupe de sauce de poisson, ou à volonté
1 cuil. à soupe de jus de citron, ou à volonté

Amenez le bouillon de poulet à ébullition et mettez tout le poisson et les fruits de mer. Ajoutez la citronnelle, le galanga et les feuilles de bergamote et laissez reprendre l'ébullition. Ajoutez tous les ingrédients restants et faites cuire encore 2 mn, puis retirez du feu. Goûtez et ajoutez la sauce de poisson et le jus de citron vert à volonté.

Servez cette soupe dans des bols accompagnée de riz, de sauce de poisson et de jus de citron.

TOM KHA GAI

Soupe de poulet épicée au lait de coco

C'est une soupe délicieuse, crémeuse et parfumée, au subtil arôme de galanga. Pour une soupe moins relevée, diminuez la quantité de piments.

25 cl de bouillon de poulet (page 41)
2 tiges de citronnelle
5 cm de galanga
3 feuilles de bergamote, en petits morceaux
400 g de chair de poulet
100 g de champignons
1 cuil. à café de sel
4 cuil. à soupe de jus de citron vert
3 cuil. à soupe de sauce de poisson
$\frac{1}{2}$ cuil. à café de sucre
1 l de lait de coco
6 piments-oiseaux rouges écrasés

Versez le bouillon dans une marmite, ajoutez la citronnelle, le galanga et les feuilles de bergamote. Amenez à ébullition sur feu modéré. Ajoutez le poulet, les champignons, le sel, le jus de citron vert, la sauce de poisson et le sucre. Faites cuire doucement à découvert pendant 10 mn, puis versez le lait de coco et les piments. Poursuivez la cuisson en remuant fréquemment et lorsque la soupe est sur le point de bouillir, retirez du feu et servez.

Astuce : il est vraiment important de faire cuire le plus doucement possible afin que le lait de coco ne se sépare pas.

GAENG JUED WOON SEN & GAENG NOPPAKAO

Soupe aux vermicelles transparents & Soupe aux légumes

Ci-contre : *Gaeng Noppakao (à gauche) et Gaeng Jued Woon Sen (à droite)*

SOUPE AUX VERMICELLES TRANSPARENTS

Le *Gaeng jued* (littéralement "soupe simple") est un bouillon clair et doux, qui contraste agréablement avec les plats gras ou épicés. ⌚⌚

300 g de porc haché
½ cuil. à café de sauce de soja claire
¼ cuil. à café de poivre blance en poudre
1 l de bouillon de poulet (page 41)
7 grains de poivre blanc écrasés
5 gousses d'ail écrasées
200 g de vermicelle transparent, trempé dans l'eau
1 cuil. à café de sauce de poisson
¼ cuil. à café de sucre
3 oignons verts, coupés en morceaux d'1 cm
2 cuil. à soupe de feuilles de coriandre hachées

Mélangez bien le porc avec la sauce de soja et le poivre blanc et préparez des boulettes.

Faites chauffer le bouillon de poulet, ajoutez les grains de poivre et l'ail écrasés, et amenez à ébullition. Mettez les boulettes dans le bouillon, puis le vermicelle, la sauce de poisson et le sucre. Laissez bouillir doucement jusqu'à ce que la viande soit cuite. Ajoutez l'oignon vert et la coriandre, et retirez du feu immédiatement.

Servez cette soupe accompagnée de riz.

Astuce : le vermicelle transparent doit être trempé dans l'eau chaude pendant environ 5 mn pour l'attendrir et le laisser gonfler.

SOUPE AUX LÉGUMES

Ce n'est pas tout à fait une soupe, mais plutôt des légumes agrémentés d'un peu de porc, de poulet et de crevettes, cuits à petit feu dans un bouillon assaisonné. ⌚⌚

5 tasses de légumes variés en morceaux : luffa ou tout autre sorte de courge ou courgette, citrouille, champignons de paille, maïs nain, haricots verts, coupés en morceaux de la taille d'une bouchée
150 g de porc maigre, émincé
150 g de poulet émincé
150 g de crevettes, décortiquées (avec leur queue)
1 l de bouillon de poulet (page 41)
2 cuil. à soupe de sauce de poisson
1 tasse de feuilles de basilic (*manglak*)

Assaisonnement :
10 grains de poivre noir
1 cuil. à café de pâte de crevettes
10 échalotes
½ tasse de crevettes séchées, grosses ou petites

Mettez les ingrédients pour l'assaisonnement dans un mortier, pilez ou mixez jusqu'à obtenir une pâte fine.

Versez ce mélange dans le bouillon de poulet et portez à ébullition. Ajoutez les légumes, le porc, le poulet et les crevettes et laissez bouillir jusqu'à ce qu'ils soient cuits à point. Assaisonnez à volonté avec de la sauce de poisson ou du sel et retirez du feu. Ajoutez le basilic et servez.

GAENG SOM

Soupe aigre aux légumes et crevettes

Le jus acide mais parfumé du tamarin ajoute une note particulière à cette soupe assez douce, très riche en légumes et au bon goût de crevettes ou de poisson. Comme dans les autres *Gaeng*, il y a très peu de liquide. ⌚⌚

400 g de crevettes ou de filets de poisson
125 g de champignons de paille
1 grand radis blanc, coupé en rondelles
$^1/_4$ de papaye verte coupée en tranches
60 g de haricots verts, en morceaux de 2,5 cm
60 g de chou-fleur, coupé en bouquets
60 g de chou blanc, en morceaux de 2,5 cm
4 cuil. à soupe de jus de tamarin
1 cuil. à soupe de sucre de palme concassé
1 cuil. à café de sel

Pâte d'épices :

3 piments séchés et trempés jusqu'à ce qu'ils soient tendres
2 cuil. à café de *krachai* haché (facultatif)
2 cuil. à café d'ail finement haché
2 cuil. à café d'échalotes finement hachées

Faites cuire doucement à l'eau bouillante les crevettes ou les filets de poisson. Ils doivent être juste recouverts. Dès qu'ils sont cuits, retirez du feu et laissez refroidir dans le bouillon. Puis décortiquez les crevettes ou enlevez les arêtes du poisson. Prélevez 25 cl de bouillon et mettez de côté.

Pilez ou mixez le poisson ou les crevettes pour les réduire en purée. Réservez. Pilez ou mixez les ingrédients de la pâte d'épices, puis mettez-les dans une casserole avec le bouillon, les crevettes ou le poisson réservés et les légumes. Amenez à ébullition et laissez bouillir doucement jusqu'à ce que les ingrédients soient cuits juste à point. Ajoutez le jus de tamarin, le sucre et le sel à volonté.

Astuce : toutes les combinaisons de légumes peuvent être utilisées. On peut employer, par exemple, la chayotte (*choko*) ou tout autre type de courge ou courgette, l'aubergine, le chou et les champignons de Paris.

PAD THAI GOONG SOD

Nouilles de riz sautées aux crevettes

Pour ce plat qui est l'un des nombreux plats de nouilles que l'on trouve en Thaïlande, on utilise du vermicelle de riz en paquet. Les radis blancs au vinaigre, généralement en provenance de Chine, s'achètent en boîte. 🕐🕐

12,5 cl. d'huile
1 cuil. à soupe d'ail haché
1 cuil. à soupe d'échalotes hachées
300 g de vermicelles de riz, trempés dans l'eau pour les attendrir
1 cuil. à soupe de radis blanc en conserve, haché
1 cube de fromage de soja dur
1 cuil. à café de piments séchés moulus
4 cuil. à soupe de sucre
3 cuil. à soupe de sauce de poisson
4 cuil. à soupe de jus de tamarin
3 œufs
500 g de pousses de soja
1 botte de ciboulette chinoise plate
½ tasse de cacahuètes grillées broyées
½ fleur de bananier, cuite à l'eau bouillante jusqu'à ce qu'elle soit tendre (facultatif)
4 grosses crevettes d'environ 100 g chacune

Faites chauffer 3 cuillerées à soupe d'huile dans un wok et faire revenir l'ail et les échalotes. Ajoutez les nouilles et faites les sauter en tournant pour éviter qu'elles n'attachent. Retirez les nouilles et réservez.

Remettez 3 cuillerées d'huile dans la poêle, et quand elle est chaude, ajoutez le radis blanc, le fromage de soja et les piments séchés. Faites revenir pendant 2-3 mn, puis remettez les nouilles. Ajoutez le sucre, la sauce de poisson et le jus de tamarin, mélangez soigneusement et réservez sur une assiette.

Mettez à nouveau 2 cuillères d'huile dans la poêle et dès qu'elle est chaude, cassez 3 œufs en les étalent en couche fine sur le fond de la poêle. Une fois cuits, remettez les nouilles et mélangez. Ajoutez la moitié des pousses de soja et de la ciboulette, puis saupoudrez de cacahuètes broyées. Assaisonnez de sucre, de sauce de poisson et de jus de tamarin.

Pour servir, décorez avec les pousses de soja et la ciboulette restantes, la fleur de bananier, et disposez les crevettes autour.

Astuce : les nouilles sautées demandent beaucoup d'huile, cependant il est possible d'en utiliser un minimum en l'ajoutant par petites quantités, au lieu de la verser en une seule fois.

KWAYTIAOW PAD KEEMAO THALAY

Nouilles fraîches de riz aux fruits de mer et au basilic

Les nouilles plates et fraîches de riz, d'origine chinoise, sont très appréciées dans presque toute la Thaïlande. On les sert soit en soupes, soit sautées avec différents ingrédients.Cette version du *Kwaytiaow* est une recette particulièrement populaire dans les régions côtières où l'on trouve une grande variété de fruits de mer. ⌚⌚

500 g de poisson et fruits de mer variés tels que calamars, crevettes, moules ou clams cuits à la vapeur
3 cuil. à soupe d'ail écrasé
10 cl. d'huile
2 cuil. à soupe de sauce de soja claire
500 g de nouilles fraîches de riz
3 cuil. de sauce de poisson
quelques feuilles de basilic (*horapa*)
3 piments rouges grossièrement hachés
poivre blanc en poudre à volonté

Coupez les fruits de mer en morceaux. Faites dorer l'ail dans 4 cuillerées à soupe d'huile. Jetez l'ail, puis faites sauter les fruits de mer dans la même huile pendant quelques minutes. Égouttez et réservez.

Faites revenir les nouilles avec la sauce de soja dans l'huile restante pendant 2-3 mn, puis ajoutez les fruits de mer cuits. Mélangez bien et ajoutez la sauce de poisson, les feuilles de basilic et les piments. Remuez, saupoudrez de poivre blanc à volonté et faites cuire de nouveau encore une minute.

KHAO SOI

Soupe du Nord au poulet et aux nouilles

Ce plat composé de poulet et de nouilles baignant dans une sauce au jus de viande, un peu comme un curry, est d'origine birmane, très populaire à Chiang Mai et dans les villes du Nord, à l'heure du déjeuner. ⌚⌚

1,5 l de lait de coco
300 g de blancs de poulet sans la peau, découpés dans le sens de la longueur en tranches d'1 cm
1 cuil. à soupe de sauce de soja claire
1 cuil. à soupe de sauce de soja épaisse
2 cuil. à café de sel
400 g de nouilles aux œufs (*ba mee*)
huile d'arachide ou de maïs

Pâte de piments :

4 piments séchés, hachés grossièrement
1 cuil. à soupe d'échalotes hachées
2 cuil. à café de gingembre émincé
1 cuil. à café de graines de coriandre
un petit morceau de curcuma frais de la grosseur d'un pois, ou $^1/_2$ cuil. à café de curcuma en poudre

Garniture :

2 cuil. à soupe d'échalotes émincées
$^1/_4$ tasse de chou au vinaigre haché
1 cuil. à soupe de piments séchés broyés

Commencez par préparer la pâte de piments en faisant griller tous les ingrédients pendant environ 8-10 mn jusqu'à ce que leur arôme se dégage, puis pilez pour les réduire en poudre fine.

Faites chauffer 25 cl de lait de coco, ajoutez la pâte de piments et faites frire pendant 2 mn, puis ajoutez le poulet et les sauces de soja. Faites cuire 3 mn, ajoutez le reste du lait de coco et amenez à ébullition. Laissez bouillir 3 mn, ajoutez le sel, puis retirez du feu.

Faites sauter 100 g de nouilles dans l'huile chaude jusqu'à ce qu'elles soient croustillantes. Retirez et égouttez bien. Faites cuire le reste des nouilles à l'eau bouillante. Dès qu'elles sont cuites, mais encore un peu fermes, égouttez-les.

Mettez les nouilles cuites à l'eau dans les bols de service et versez par-dessus le mélange de poulet et de lait de coco. Garnissez avec les nouilles sautées. Servez en accompagnement des bols d'échalotes émincées, de chou au vinaigre haché et de poudre de piment, pour permettre à chaque convive d'en ajouter à volonté.

KWAYTIAOW NUEA SAB

Nouilles fraîches de riz au bœuf

Voici une autre version du très populaire *Kwaytiaow* chinois (voir page 62). ⌚⌚

1 cuil. à café d'ail haché
10 cl d'huile
500 g de nouilles fraîches plates
$^1/_2$ cuil. à soupe de sauce de soja épaisse
6 feuilles de laitue
2 cuil. à soupe d'échalotes finement hachées
300 g de bœuf finement haché
12,5 cl d'eau
3 cuil. à café de sauce de soja claire
1 cuil. à café de farine de maïs délayée dans 2 cuil. à soupe d'eau
4-6 œufs de caille durs, épluchés (facultatif)
sel et poivre à volonté

Faites dorer l'ail dans 6 cuillères à soupe d'huile, puis ajoutez les nouilles et faites-les sauter pendant 1-2 mn, en ajoutant la sauce de soja épaisse. Versez les nouilles sur les feuilles de laitue.

Faites dorer les échalotes dans l'huile restante. Ajoutez la viande, l'eau, la sauce de soja claire et remuez soigneusement. Quand la sauce commence à bouillir, incorporez la farine de maïs et, le cas échéant, les œufs de caille, mixés ensemble. Salez et poivrez à volonté. Laissez bouillir doucement pendant quelques minutes jusqu'à ce que la sauce épaississe et devienne plus claire, versez le mélange sur les nouilles, puis servez.

KANOM JEEN NAM YAA

Nouilles de riz avec sauce au poisson et au curry

On utilise les nouilles de riz rondes appelées *kanom jeen* pour ce plat léger. Les *kanom jeen* sont souvent servies au cours des fêtes, en particulier les mariages et les anniversaires ; elles symbolisent une longue vie et on ne les coupe jamais avant de les servir. À défaut de nouilles de riz, utilisez des pâtes fraîches du type cheveux d'ange. ⌚⌚⌚

Sauce :

7 échalotes grossièrement hachées
2 gousses d'ail
2 tranches de galanga
2 cuil. à soupe de citronnelle en tranches
1 tasse de *krachai* émincé (facultatif)
3 piments séchés, épépinés
1 cuil. à café de sel
1 cuil. à café de pâte de crevettes
12,5 cl d'eau

Bouillon :

1 petit poisson qui ait du goût
4 $^1/_2$ tasses de lait de coco
$^1/_2$ tasse de crème de coco
2-3 cuil. à soupe de sauce de poisson

Accompagnements :

1kg de nouilles fraîches de riz (*kanom jeen*)
2 œufs durs, épluchés et coupés en quartiers
$^1/_2$ tasse de chou émincé
$^1/_2$ tasse de concombre émincé
$^1/_2$ tasse de pousses de soja blanchies
1 petite poignée de basilic (*manglak*)
1 cuil. à soupe de piments séchés moulus

Mettez tous les ingrédients pour la sauce dans une marmite et faites bouillir à petit feu juqu'à ce qu'ils soient tendres. Retirez du feu, laissez refroidir, et pilez dans un mortier ou passez au mixeur pour obtenir un mélange homogène.

Ensuite, préparez le bouillon. Lavez et nettoyez le poisson, en enlevant la tête et les entrailles, et faites-le cuire dans un peu d'eau bouillante – juste assez pour qu'il soit recouvert – jusqu'à ce qu'il soit tendre. Égouttez et conservez l'eau de cuisson. Prélevez la chair du poisson, incorporez-la à la pâte de piments et pilez dans un mortier ou mixez pour bien mélanger.

Mettez le mélange obtenu dans une marmite et ajoutez le lait de coco. Amenez à ébullition, puis ajoutez le bouillon et la sauce de poisson. Maintenez la cuisson doucement en remuant régulièrement jusqu'à ce que la sauce épaississe et que la surface devienne brillante et rouge. Ajoutez la crème de coco et retirez du feu.

Mettez une portion de vermicelle de riz et un peu de chaque accompagnement dans des bols individuels. Arrosez de sauce juste avant de servir.

KHAO YAM PAK TAI

Salade de riz du Sud

Ce plat très populaire est idéal pour un déjeuner léger et permet d'utiliser les restes de riz. Les assaisonnements ajoutés au riz peuvent varier selon les goûts et les disponibilités. Sur la photo ci-contre, tous les ingrédients de la recette ne sont pas présentés. ⌚⌚

2 tasses de riz cuit froid
2 tasses de noix de coco râpée, brunie au four pendant 5-8 mn
1 petit pomélo ou pamplemousse émincé
1 petite mangue verte, coupée en fines lamelles (facultatif)
$^1/_2$ tasse de crevettes séchées, hachées
$^1/_2$ tasse de pousses de soja
$^1/_2$ tasse de citronnelle finement émincée
$^1/_4$ tasse de haricots verts coupés en morceaux
1 œuf, cuit en omelette, découpée en lanières
2 piments rouges séchés, pilés
1 cuil. à soupe de feuille de bergamote coupée en fines lanières
1 cuil. à soupe de coriandre fraîche hachée
125 g de crevettes pour décorer (facultatif)
quartiers de citron vert

Sauce :

12,5 cl. d'eau
2 cuil. à soupe d'anchois hachés
1 cuil. à soupe de sucre de palme
2 feuilles de bergamote en petits morceaux
1 cm de citronnelle émincée très finement

Mettez tous les ingrédients de la sauce dans une casserole, amenez à ébullition et laissez bouillir doucement pendant 5 mn. Retirez du feu, passez, puis réservez.

Mettez le riz dans des petits bols, une demi-tasse par bol. Pressez, puis retournez sur un grand plat de service. Disposez le reste des ingrédients séparément tout autour du riz en petits monticules.

Chacun se sert de riz sur une assiette en y ajoutant, selon son goût, les différents ingrédients et un peu de sauce.

Astuce : les anchois en conserve vendus en Europe peuvent être employés à la place des anchois de Thaïlande.

SOM TAM THAI

Salade de papaye verte

Cette excellente salade était à l'origine un plat de la région du nord-est. Les vendeurs des rues la font maintenant dans tout le pays. On retrouve dans le *Som Tam* les saveurs essentielles de la Thaïlande : la saveur forte du piment, une odeur d'ail et de sauce de poisson, et l'acidité du citron vert. L'ingrédient de base, la papaye verte, contraste avec les haricots crus et les cacahuètes. 🕘🕘

300 g de papaye verte, épluchée et coupée en fines allumettes
7 piments-oiseaux verts
5 gousses d'ail
50 g de haricots longs, coupés en morceaux d'1 cm
2 cuil. à soupe de cacahuètes grillées non salées
1 cuil. à soupe de crevettes séchées
6 tomates cerises, coupées en quatre, ou une grosse tomate en quartiers
3 cuil. à soupe de jus de citron vert
1 cuil. à soupe de sucre de palme concassé
1 cuil. à soupe de sauce de poisson

Prenez une petite quantité de papaye, de piments et d'ail et pilez grossièrement dans un mortier avec un pilon ou passez très brièvement au mixeur. Gardez en réserve dans un bol et répétez l'opération jusqu'à épuisement de la papaye, des piments et de l'ail.

Incorporez les haricots, les cacahuètes, les crevettes séchées et la tomate, mélangez bien et ajoutez les assaisonnements.

Servez accompagné de divers légumes crus (chou ou liseron d'eau) et parsemé de brins de basilic. Pour un repas complet, ajoutez du riz collant et du poulet rôti.

Astuce : si vous utilisez des grosses crevettes séchées plutôt que des petites, trempez-les dans l'eau chaude pendant 5 mn, puis hachez-les grossièrement. Préparez la salade juste avant de servir, sinon la papaye perdra de sa fermeté.

YAM SOM-O

Salade de pomélo épicée

Les gros pomélos ronds, ancêtres des pamplemousses, sont généralement juteux et sucrés. On les mange en fruit ou bien en salade mélangés à des ingrédients acides ou épicés. Des morceaux de pomélos trempés dans une sauce ou un *Phrik* quelconque constituent un en-cas de choix pour les Thaïs. Cette salade accompagne avec bonheur le riz et autres plats cuisinés. ⌚

1 pomélo ou 2 pamplemousses
2 cuil. à soupe de jus de citron vert
1 cuil. à soupe de sauce de poisson
1 cuil. à soupe de sucre
150 g de crevettes cuites
200 g de blanc de poulet, coupé en lanières
2 cuil. à soupe de noix de coco râpée fraîche ou sèche
12,5 cl. de crème de coco
1 cuil. à soupe de crevettes séchées, hachées

Pelez le pomélo et émincez la chair. Mélangez dans un bol le jus de citron vert avec la sauce de poisson et le sucre. Puis ajoutez les crevettes, le poulet, la noix de coco râpée et la crème de coco en tournant pour soigneusement mélanger. Incorporez le pomélo.

Disposez sur un plat de service, saupoudrez de crevettes séchées et servez.

PLA NUEA MAKREUA ORN

Salade de bœuf à l'aubergine

C'est une façon idéale d'utiliser les restes de bœuf rôti ou grillé, on peut, cependant, utiliser de la viande crue pour cette salade. ⌚⌚

3 petites aubergines rondes vertes ou une aubergine longue et fine
3 cuil. à soupe d'huile
300 g de filet de bœuf, cuit ou cru, en tranches
1 cuil. à soupe d'échalotes émincées
5 piments-oiseaux verts, grossièrement hachés
2 cuil. à soupe de jus de citron vert
$^1/_4$ cuil. à café de sucre

Coupez l'aubergine en tranches d'environ 1 cm et faites-les sauter jusqu'à ce qu'elles soient cuites. Mettez-les dans un bol.

Si vous utilisez du bœuf cru, faites-le griller dans la poêle dans un peu d'huile à feu vif jusqu'à ce qu'il soit cuit. Incorporez en même temps l'aubergine et les autres ingrédients, et mélangez soigneusement.

Servez à température ambiante. Cette salade est délicieuse avec du riz blanc.

PAD PAK RUAM MIT

Légumes sautés

Cette préparation peut se faire selon vos goûts et vos disponibilités, avec une seul légume (chou frisé ou broccoli par exemple) ou un mélange de légumes. ⏱

50 g de pois mange-tout
50 g de jeune chou frisé
50 g de chou
50 g de broccoli
50 g de chou-fleur
50 g de champignons
50 g de maïs nain
1 cuil. à soupe d'huile d'arachide ou de maïs
3 cuil. à soupe d'ail finement haché
12,5 cl de bouillon de poulet (page 41)
4 cuil. à soupe de sauce d'huître
1 cuil. à soupe de sauce de soja claire
$^1/_4$ cuil. à café de sauce de soja épaisse
$^1/_2$ cuil. à café de poivre blanc en poudre

Coupez les légumes en morceaux ou en tranches de la taille d'une bouchée. Plongez-les, mélangés, dans l'eau bouillante quelques secondes pour les blanchir. Égouttez-les et gardez en réserve.

Chauffez un wok jusqu'à ce qu'il fume légèrement et mettez l'huile. Lorsqu'elle est chaude, ajoutez l'ail et remuez. Ajoutez les légumes et le bouillon de poulet en une seule fois et faites cuire pendant 3-4 mn jusqu'à ce que les légumes soient cuits mais encore un peu fermes. Ajoutez la sauce d'huître et les sauces de soja, puis saupoudrez de poivre. Mélangez bien et faites cuire 1 mn. Servez accompagné de riz.

Astuce : la cuisson doit se faire à chaleur maximum pour que les légumes aient le goût et la consistance voulus.

KANA MOO GROB

Kai lan au porc croustillant

Cette espèce de chou, connue en Thaïlande sous son nom chinois, *kai lan*, est appréciée pour ses tiges fermes. Si vous n'en trouvez pas, essayez les tiges de broccoli. Les légumes sont souvent cuits avec un peu de viande, de volaille ou de fruits de mer, pour donner plus de goût et introduire des éléments de consistance différente.

1 kg de *kai lan* ou 500 g de tiges de broccoli
3 cuil. à soupe d'huile
1 cuil. à soupe d'ail finement haché
300 g de porc croustillant, coupé en dés
4 cuil. à soupe de sauce d'huître
$^1/_4$ cuil. à café de sel
$^1/_4$ cuil. à café de poivre blanc en poudre
1 cuil. à café de sucre
12,5 cl. de bouillon de poulet (page 41)

Jetez les feuilles et l'extrémité dure des tiges. Pelez les tiges tendres et coupez-les en morceaux de 5-8 cm de long.

Faites chauffer l'huile dans un wok. Quand elle est bien chaude, faites revenir l'ail jusqu'à ce que l'arôme se dégage, puis mettez le chou et le porc. Mélangez bien et ajoutez tous les assaisonnements avec le bouillon. Mélangez à nouveau soigneusement pour bien chauffer le tout et servez aussitôt.

Astuce : le porc rôti, avec une couche de viande, une fine couche de gras et une peau craquante et dorée, forme un merveilleux contraste avec les légumes, tant par le goût que par la consistance. On peut obtenir le même effet avec de fines tranches de bacon frit.

PLA MUK TOD & CHU CHEE GOONG LAI

Calamar frit à l'ail & Crevettes sautées au piment

À droite : *crevettes sautées au piment (en haut) et calamar frit à l'ail (en bas).*

CALAMAR FRIT À L'AIL

Bien que simple et rapide à réaliser, cette recette de calamar est absolument délicieuse. ⌚

600 g de calamar frais
2 cuil. à soupe d'huile
100 g d'ail haché
1 cuil. à café de grains de poivre noir écrasés
2 cuil. à soupe de sauce d'huître
2 cuil. à soupe de sauce de soja claire
1 cuil. à café de sucre
feuilles de coriandre pour décorer

Enlevez les tentacules du calamar et ôtez la partie dure. Retirez la peau du corps, nettoyez l'intérieur et coupez le calamar en morceaux de la taille d'une bouchée. Séchez soigneusement, puis réservez.

Mettez l'huile dans un wok à chaleur moyenne. Faites dorer l'ail, puis ajoutez le calamar et ses tentacules en même temps que les assaisonnements. Laissez cuire quelques minutes jusqu'à ce que le calamar blanchisse.

Servez chaud parsemé de feuilles de coriandre. **Astuce** : si vous le pouvez, évitez d'utiliser du calamar congelé, car il rend de l'eau au moment de la cuisson.

CREVETTES SAUTÉES AU PIMENT

C'est un genre de curry, où les crevettes sont cuites dans une sauce épicée au jus de viande et au lait de coco ; le basilic ajoute une saveur particulière. Utilisez des grosses crevettes tigrées (environ 12 par kilo), ou des plus petites. ⌚⌚

400 g de crevettes tigrées
12,5 cl. de crème de coco
2 cuil. à soupe de pâte de curry rouge (page 38)
65 cl de lait de coco
3 cuil. à soupe de sauce de poisson
2 cuil. à soupe de sucre de palme concassé
2 feuilles de bergamote coupées en lanières
basilic (*horapa*) ou feuilles de coriandre
3 piments rouges, coupés en fines lanières

Décortiquez les crevettes et jeter la tête et la queue. Incisez le dos et retirez le filament noir.

Faites chauffer la crème de coco, ajoutez la pâte de curry et faites cuire en remuant jusqu'à ce que l'arôme se dégage. Ajoutez le lait de coco et, quand il bout, mettez les crevettes. Laissez mijoter 15 mn. Assaisonnez à volonté avec la sauce de poisson et le sucre de palme.

Disposez les crevettes sur un plat et décorez avec les feuilles de bergamote, le basilic et les piments.

GOONG POW

Crevettes grillées au charbon de bois à la sauce sucrée

Le parfum des crevettes grillées sur un feu au charbon de bois est irrésistible. En Thaïlande, ce plat est fait avec de grosses crevettes d'eau douce, mais on peut les remplacer par des petites écrevisses. ⌚

3 grosses crevettes d'eau douce ou écrevisses
feuille d'aluminium ou feuille de bananier

Sauce :

2 cuil. à soupe d'eau
1 cuil. à soupe de sucre
½ cuil. à café de sel
1 ½ cuil. à soupe d'ail haché
½ cuil. à soupe de piments hachés
1 cuil. à café de coriandre fraîche hachée
2 cuil. à soupe de jus de citron vert

Commencez par préparer la sauce. Faites chauffer l'eau et le sucre dans une casserole à feu doux, en remuant jusqu'à dissolution du sucre. Diminuez le feu, ajoutez le sel et remuez bien. Retirez du feu et laissez refroidir, puis ajoutez les autres ingrédients et mélangez de nouveau soigneusement.

Nettoyez les crevettes et enveloppez chacune d'elles dans une feuille d'aluminium ou une feuille de bananier. Faites griller sur un feu de charbon de bois très chaud pendant environ 12 mn.

Servez avec la sauce.

POO OB WOON SEN

Crabes en cocotte aux nouilles transparentes

Les plats cuits dans des récipients de terre sont d'origine chinoise. Pour cette recette très populaire, on utilise des pinces de crabe ou des crabes entiers découpés en morceaux. On utilise également des tranches de gras de porc, mais le lard fumé donne encore plus de goût.

2 fines tranches de lard fumé, coupées en morceaux de 2,5 cm
2 crabes entiers, décortiqués, ou 500 g de pinces
2 racines de coriandre coupées en deux
5 cm de gingembre, pilé ou haché finement
3-4 gousses d'ail hachées
1 cuil. à soupe de grains de poivre blanc broyé
250 g de nouilles transparentes (*woon sen*) trempées dans l'eau froide pendant 5 mn
1 cuil. à café de beurre
3 cuil. à soupe de sauce de soja épaisse
1/4 tasse de feuilles et de tiges de coriandre hachées
2 oignons verts, coupés en morceaux de 4 cm

Bouillon :

50 cl. de bouillon de poulet (page 41)
2 cuil. à soupe de sauce d'huîtres
2 cuil. à soupe de sauce de soja épaisse
1/2 cuil. à soupe d'huile de sésame
1 cuil. à café de cognac ou de whisky
1/2 cuil à café de sucre

Mettez tous les ingrédients de la sauce dans une casserole, amenez à ébullition et maintenez la cuisson pendant 5 mn. Laissez refroidir.

Prenez une cocotte résistant à la chaleur et garnissez-en le fond avec les tranches de lard fumé. Mettez le crabe, la racine de coriandre, le gingembre, l'ail et les grains de poivre. Ajoutez les nouilles par-dessus, puis le beurre, la sauce de soja et le bouillon.

Couvrez et amenez à ébullition. Laissez encore bouillir doucement pendant environ 5 mn, jusqu'à ce que les crabes soient cuits. Enlevez l'excès de liquide avant de servir.

Astuce : on peut remplacer les crabes par de grosses crevettes si elles sont plus faciles à trouver.

HOI MA-LAENG POO OB

Moules cuites à la vapeur

Dans ce plat simple mais excellent, le contraste entre la chair orange des moules et le vert vif des feuilles de basilic est du plus bel effet. ⌚⌚

2 kg de moules bien nettoyées
une grosse poignée de feuilles de basilic
Sauce :
12,5 cl. de jus de citron vert
2 cuil. à soupe de sauce de poisson
1 cuil. à café de sucre
2 racines de coriandre, hachées
2 gousses d'ail écrasées
12,5 cl d'eau

Placez les moules dans une marmite à vapeur avec de l'eau bouillante et parsemez-les de feuilles de basilic. Faites cuire pendant 10 mn. Retirez du feu et attendez 2 mn avant d'ouvrir la marmite.

Pendant ce temps, mélangez tous les ingrédients de la sauce, amenez à ébullition, puis laissez refroidir.

Servez les moules accompagnées de cette sauce.

Astuce : le fait de laisser les moules reposer quelques minutes dans la marmite fermée leur permet de s'imprégner du parfum du basilic.

TAUD MAN GOONG

Croquettes de crevettes

Les marchands des villes côtières, surtout autour de Songkhla, Surat Thani et Phuket, proposent ce type de plat, mais avec du poisson et très épicé (*Taud Man Pla*). Celui-ci, plus fin, est à base des crevettes, et se sert avec un savoureux accompagnement de légumes au vinaigre.

600 g de crevettes
150 g de graisse de porc dure
1 cuil. à café de sel
$\frac{1}{2}$ cuil. à café de sucre
2 tasses de chapelure fraîche
1 l d'huile

Accompagnement :

25 cl de vinaigre blanc
$\frac{1}{2}$ tasse de sucre
5 piments-oiseaux
2 échalotes émincées
1 cuil. à soupe de chou-fleur émincé
1 cuil. à soupe de maïs nain émincé
$\frac{1}{4}$ de petit concombre coupé en rondelles

Pour préparer l'accompagnement, mélangez le vinaigre et le sucre et portez à ébullition, puis laissez refroidir. Ajoutez tous les légumes, mélangez et gardez en réserve.

Hachez les crevettes avec la graisse de porc et passez au mixeur pour obtenir un pâte homogène. Ajoutez le sel, le sucre et la chapelure, puis formez des petits pâtés et faites-les cuire dans la friture jusqu'à ce qu'ils soient bien dorés et qu'une bonne odeur s'en dégage.

Servez chaud avec l'accompagnement.

Astuce : l'accompagnement et les croquettes peuvent être préparés à l'avance. Faites alors frire les croquettes juste avant de servir.

POO JAA

Crabes farcis

Pour cette recette on utilise des crabes de rizière ou des crabes de mer bleus. La farce peut être préparée à l'avance et les crabes farcis et frits juste avant de servir.

4 crabes entiers
3 œufs bien battus
1,25 l d'huile
1 cuil. à soupe de feuilles de coriandre
2 piments rouges coupés en lanières
Farce :
175 g de porc haché
75 g de crevettes hachées
60 g de chair de crabe fraîche
2 cuil. à soupe d'oignon haché
1 cuil. à café d'oignon vert coupé fin
1 cuil. à café de poivre blanc moulu
1 cuil. à café de sucre
¼ de cuil. à café de sauce de soja claire
¼ de cuil. à café de sel

Si vous utilisez des crabes cuits, enlevez la carapace des crabes soigneusement et jetez la partie spongieuse. Lavez-les et mettez-les de côté. Retirez la chair du corps, des pattes et des pinces, et ne gardez que 60 g – le reste pourra être utilisé pour un autre plat. Si vous utilisez des crabes crus, cuisez-les d'abord à la vapeur, puis préparez-les comme ci-dessus.

Mélangez tous les ingrédients pour la farce et remplissez les carapaces.

Faites chauffer l'huile dans une casserole, trempez les carapaces farcies dans l'œuf battu, plongez-les dans la friture et maintenez la cuisson pendant 10-15 mn environ. Quand elles sont bien cuites, retirez-les et égouttez-les soigneusement sur du papier absorbant. Parsemez de coriandre et de piment avant de servir.

HOY LAI PED

Clams sautés à la pâte de piment

Il existe plusieurs sortes de clams, toutes feront l'affaire. L'important, c'est la fraîcheur du basilic qui donne un goût subtil aux coquillages. ⌚⌚

½ cuil. à soupe d'huile
600 g de clams dans leurs coquilles, bien nettoyés
1 ½ cuil. à soupe d'ail haché
5 piments rouges frais, coupés en lanières dans le sens de la longueur
2 cuil. à soupe de pâte de piment (page 38)
2 cuil. à café de sauce de soja
12,5 cl de bouillon de poulet
une grosse poignée de feuilles de basilic (*horapa*)

Faites chauffer l'huile dans un wok, mettez les clams et l'ail, et cuisez jusqu'à ce que les coquillages soient légèrement ouverts. Ajoutez les piments frais, la pâte de piment et la sauce de soja, et mélangez soigneusement, puis ajoutez le bouillon. Incorporez le basilic et servez aussitôt, accompagné de riz.

Astuce : il est conseillé de faire tremper les clams dans plusieurs eaux successives pendant une heure ou deux avant de les cuire afin qu'ils soient parfaitement propres.

HAW MOK THALAY

Mousse de fruits de mer à la vapeur

Ce plat très populaire dans toute la Thaïlande, et qui vaut bien le temps qu'on passe à le préparer, est un mélange de fruits de mer, de lait de coco et d'épices, cuit à la vapeur dans des petites coupes en feuille de bananier. On peut également utiliser des ramequins ou autres petits récipients résistant à la chaleur. ⌚⌚⌚

$^3/_4$ de tasse de crème de coco
1 cuil. de farine de riz
100 g de filets de poisson, coupés en tranches
100 g de crevettes, décortiquées et nettoyées
100 g de calamar, nettoyé et coupé en morceaux
1 œuf
3 cuil. à soupe de sauce de poisson
30 cl de lait de coco
$^1/_2$ tasse de feuilles de basilic (*horapa*)
2 cuil. à soupe de feuilles de bergamote coupées en fines lanières
coriandre fraîche pour décorer
1 piment rouge coupé en fines lanières
petites coupes en feuilles de bananier ou ramequins individuels

Pâte d'épices :

5 piments séchés, trempés dans l'eau et épépinés
3 gousses d'ail
2 cuil. à soupe de galanga émincé
1 cuil. à café de peau de bergamote râpée
2 cuil. à café de racine de coriandre émincée
5 grains de poivre noir
$^1/_2$ cuil. à café de sel
1 cuil. à café de pâte de crevettes
1 cuil. à café de *krachai* émincé, facultatif

Pilez soigneusement les ingrédients de la pâte d'épices dans un mortier ou passez-les au mixeur.

Mélangez la crème de coco avec la farine de riz, amenez à ébullition, et faites-la épaissir en tournant. Retirez du feu, laissez refroidir et réservez.

Mélangez la pâte d'épices avec le poisson, les crevettes, le calamar, l'œuf, la sauce de poisson, et versez ensuite, progressivement, le reste de lait de coco. Ajoutez la moitié du basilic et des feuilles de bergamote et mélangez.

Posez une des feuilles de basilic restantes au fond de chaque petite coupe, et la préparation au poisson par-dessus. Cuisez à la vapeur pendant 15 mn, puis retirez les petites coupes de la marmite, déposez sur chacune d'elles un peu de crème de coco bouillie, et parsemez de coriandre, de bergamote, et de piment émincé. Remettez une minute dans la marmite à vapeur, puis servez.

PLA CHORN PHAD PRIK KHING

Poisson croustillant au curry rouge

Pour cette recette, on utilise généralement un poisson appelé *Pla chorn*, qui ressemble au maquereau espagnol, mais qui peut être remplacé par n'importe quel poisson à chair blanche et ferme. Les morceaux de poissons sont frits et servis croustillants, nappés d'une sauce épaisse et relevée. ⌚

2 cuil. à soupe de pâte de curry rouge (page 38)
25 cl de lait de coco
sauce de poisson à volonté
1 cuil. à café de sucre, ou à volonté
2 cuil. à soupe de crevettes séchées, broyées
400 g de filets ou de tranches de poisson
huile pour friture
1 feuille de bergamote ciselée
1-2 haricots longs coupés en morceaux de 2 cm (facultatif)

Faites cuire la pâte de curry dans le lait de coco jusqu'à épaississement du mélange. Ajoutez la sauce de poisson et le sucre à volonté, puis les crevettes séchées.

Séchez soigneusement le poisson, plongez-le dans l'huile bouillante et retirez-le dès qu'il est bien doré et croustillant.

Servez sur une assiette, nappé de sauce et parsemé de haricots (le cas échéant) et de feuille de bergamote ciselée.

PLA NUEA ORN

Poisson de rivière à la sauce pimentée

On utilise, en général, un poisson d'eau douce pour ce plat, mais un bon poisson de mer à chair blanche peut très bien faire l'affaire. ⌚⌚

1 poisson entier d'environ 1 kg, ou 2 poissons plus petits
150 g de piments rouges séchés, trempés dans l'eau et épépinés
100 g d'ail épluché
100 g d'échalotes épluchées
1 cuil. à soupe de pâte de crevettes
1 l d'huile
sauce de poisson à volonté
1 cuil. à café de sucre
10 feuilles de bergamote ciselées très finement

Ecaillez et nettoyez soigneusement le poisson, en laissant la tête au besoin. Faites des incisions d'une profondeur d'1 cm le long du dos de chaque poisson pour la décoration.

Hachez le piment, l'ail et l'échalote, et incorporez-les à la pâte de crevettes. Cuisez à la poêle dans 3 cuillerées à soupe d'huile jusqu'à ce que l'arôme se dégage, puis ajoutez la sauce de poisson et le sucre.

Séchez soigneusement le poisson, puis faites-le cuire dans la friture. Dressez-le sur un plat de service nappé de sauce. Parsemez de bergamote et servez aussitôt.

PLA SAMLEE DAD DEOW

Poisson frit à la salade de mangue

La saveur aigre des mangues vertes, mêlées à d'autres épices, fait ressortir le goût du poisson frit. On peut utiliser n'importe quelle espèce de poisson à chair blanche et ferme. ⌚⌚

1 petit poisson d'environ 300 g (daurade ou colin par exemple)
50 cl d'huile
350 g de mangue verte, coupée en allumettes
3 cuil. à soupe d'échalotes émincées
5 piments-oiseaux verts ou rouges, hachés
1 cuil. à soupe de sucre de palme concassé
sauce de poisson à volonté
jus de citron vert à volonté
$^{1}/_{4}$ tasse de noix de cajou grillées pour décorer

Nettoyez et écaillez le poisson en enlevant la tête. Coupez dans le sens de la longueur par en-dessous et ôtez l'arête centrale ainsi que les autres arêtes. Séchez soigneusement et réservez.

Mélangez tous les autres ingrédients. Goûtez et ajoutez un peu de sauce de poisson si ce n'est pas assez salé. Si ce n'est pas assez acide, ajoutez du jus de citron.

Faites frire le poisson dans l'huile bouillante. Dès qu'il est bien doré et croustillant, sortez-le, égouttez-le, puis servez avec la garniture de mangue disposée au centre, après avoir éparpillé dessus les noix de cajou grillées.

KAI YAD SAI

Omelettes farcies

Ce plat, qui est souvent proposé par les restaurants simples et les vendeurs de rue, est très apprécié à l'heure du déjeuner. L'omelette accompagnée de riz peut aussi être servie avec d'autres plats lors d'un repas principal. ⌚⌚

1 cuil. à soupe d'huile
100 g de porc haché
3 cuil. à soupe de tomates coupées en dés
3 cuil. à soupe de petits pois cuits
2 cuil. à soupe d'oignon coupé en petits dés
$^{1}/_{2}$ cuil. à soupe de sucre
1 cuil. à soupe de sauce de poisson
$^{1}/_{4}$ cuil. à café de poivre blanc en poudre
$^{1}/_{4}$ cuil. à café de sauce de soja épaisse
3 œufs battus
3 cuil. à soupe de feuilles de coriandre hachées
1 piment rouge émincé

Faites chauffer la moitié de l'huile dans un wok à feu vif et faites revenir le porc pendant 2 mn. Ajoutez les autres ingrédients sauf les œufs et l'huile restante. Faites sauter jusqu'à cuisson, puis réservez.

Faites chauffer une poêle de 15-20 cm de diamètre, mettez de l'huile et versez assez d'œuf pour recouvrir le fond d'une couche mince. Faites dorer cette omelette des deux côtés en la retournant à mi-cuisson. Répétez l'opération jusqu'à épuisement des œufs.

Pour farcir les omelettes mettez une cuillerée de porc haché au milieu, pliez les bords pour en faire un carré. Mettez sur un plat de service. Répétez l'opération jusqu'à épuisement des ingrédients.

Décorez avec la coriandre et le piment, et servez accompagné de riz.

GAENG KHEOW WAN GAI

Poulet au curry vert

Ce curry crémeux et parfumé est toujours apprécié. Retirez la peau du poulet si vous voulez qu'il soit moins gras. ⌚⌚

$^1/_2$ tasse de crème de coco
3 cuil. à soupe de pâte de curry verte (page 38)
400 g de blancs de poulet coupés en tranches
50 cl de lait de coco
2 feuilles de bergamote
1 $^1/_2$ cuil. à soupe de sauce de poisson
1 cuil. à café de sucre
150 g d'aubergine, coupée en morceaux de la taille d'une bouchée
$^1/_4$ tasse de feuilles de basilic (*horapa*)
2-3 piments rouges coupés en lanières dans le sens de la longueur

Faites chauffer la crème de coco juqu'à ce qu'elle prenne un aspect huileux un peu luisant, puis ajoutez la pâte de curry et remuez bien. Ajoutez le poulet et faites le cuire jusqu'à ce qu'il change de couleur.

Ajoutez le lait de coco, les feuilles de bergamote, la sauce de poisson et le sucre. Amenez à ébullition, puis ajoutez l'aubergine. Laissez bouillir doucement jusqu'à ce que le poulet soit cuit, puis ajoutez le basilic et les piments. Retirez du feu et servez.

Astuce : on peut préparer ce plat à l'avance en faisant cuire le poulet jusqu'à ce qu'il soit tendre. Ajoutez le basilic et les piments au moment de le réchauffer, juste avant de servir.

GAI HOR BAI TOEY & GAI YANG

Poulet frit au pandanus & Poulet grillé

À droite : *poulet frit au pandanus. Il n'y a pas de photo de poulet grillé.*

POULET FRIT AU PANDANUS

Les feuilles de pandanus donnent un parfum subtil à ce poulet frit. ⌚⌚

1 kg de cuisses de poulet
20 feuilles de pandanus (facultatif)
huile pour friture
Marinade :
2 cuil. à soupe de sauce de soja claire
2 cuil. à soupe de sauce d'huîtres
1 cuil. à café de sucre
2 cuil. à café d'huile de sésame
1 cuil. à café d'ail et 1 de racine de coriandre pilées ensemble pour en faire un pâte
Sauce :
25 cl de vinaigre blanc
$^1/_2$ tasse de sucre
2 cuil. à soupe de sauce de soja épaisse
1 cuil. à thé de graines de sésame blanc, frites
$^1/_4$ cuil. à café de sel

Désossez les cuisses de poulet et coupez la chair en 4. Laisser mariner cette viande pendant 3 heures. Mélangez les ingrédients de la sauce et réservez.

Enveloppez deux ou trois morceaux de poulet dans des feuilles de pandanus pour former de petits paquets (voir photo). Faites cuire dans la friture jusqu'à ce que l'arôme se dégage. Servez accompagné d'une sauce et de riz nature. (Si vous ne trouvez pas de feuilles de pandanus, faites frire les cuisses de poulet directement).

POULET GRILLÉ

Le poulet grillé est dégusté dans l'ensemble du pays. Cette version de la recette est une spécialité du Nord-est. ⌚⌚

1 poulet (d'environ 1,250 g) coupé en gros morceaux
Marinade :
10 gousses d'ail finement hachées
2 cuil. à soupe de grains de poivre noir, écrasés
2 cuil. à soupe de sauce de soja claire
2 cuil. à soupe de sucre
2 cuil. à soupe de cognac ou de sherry sec
1 cuil. à café de sel
Sauce :
25 cl de vinaigre blanc
$^1/_2$ tasse de sucre
3 gousses d'ail grossièrement hachées
2 piments rouges soigneusement pilés
1 cuil. à café de sel

Faites bien macérer le poulet pendant 3-4 heures dans la marinade. Mélangez tous les ingrédients de la sauce, amenez à ébullition et laissez mijoter pour faire épaissir le mélange. Laissez refroidir.

Faites griller le poulet au charbon de bois ou sur le grill, en le retournant de temps en temps, jusqu'à ce qu'il soit cuit.

Servez accompagné de riz nature ou glutineux et de *Som Tam* (recette page 72).

GAENG PED GAI NAW MAI

Poulet au curry rouge et aux pousses de bambou

Les pousses de bambou fraîches sont saisonnières en Thaïlande, et ont une douceur et une consistance qu'on ne trouve pas dans les pousses de bambou en boîte. Celles-ci peuvent néanmoins faire l'affaire, et forment un contraste agréable avec la chair tendre du poulet. ⌚⌚

$^{1}/_{2}$ tasse de crème de coco
1 cuil. à soupe de pâte de curry rouge (page 38)
400 g de blanc de poulet, coupée en dés
60 cl de lait de coco
300 g de pousses de bambou (coupées dans le sens de la longueur)
2 cuil. à soupe de sauce de poisson
$^{1}/_{4}$ cuil. à café de sel
1 $^{1}/_{2}$ cuil. à café de sucre
5 feuilles de bergamote coupées en deux
1 piment rouge frais, coupé en lanières dans le sens de la longueur
$^{1}/_{2}$ tasse de feuilles de basilic (*horapa*)

Dans une marmite, amenez la crème de coco à ébullition. Laissez bouillir doucement en remuant jusqu'à ce que la surface prenne un aspect huileux et luisant. Mettez la pâte de curry et le poulet, remuez, et ajoutez le lait de coco et les pousses de bambou.

Faites cuire jusqu'à ce que le poulet soit tendre, puis ajoutez la sauce de poisson, le sel, le sucre, les feuilles de bergamote et le piment. Retirez du feu et décorez avec le basilic.

Astuce : si vous utilisez des pousses de bambou en boîte, égouttez-les et faites-les bouillir dans l'eau pendant environ 5 mn pour enlever le goût de métal. Les pousses de bambou fraîches devraient être coupées et cuites doucement à l'eau bouillante et ajoutées au curry dès qu'elles sont un peu tendres.

GAENG PED

Canard rôti au curry

Le canard laqué vendu dans les restaurants et les magasins d'alimentation chinois est la base de ce curry très savoureux. ⌚⌚

1 canard rôti
$^1/_2$ tasse de crème de coco
3 cuil. à soupe de pâte de curry rouge (page 38)
50 cl de lait de coco
2-3 grosses tomates en quartiers
1 tasse de mini-aubergines ou haricots verts coupés en morceaux d'1 cm
4 feuilles de bergamote
2 cuil. à soupe de sauce de poisson
$^1/_2$ cuil. à café de sel
1 cuil. à café de sucre
10 feuilles de basilic (*horapa*)
4 piments rouges ou verts, coupés en lanières

Retirez soigneusement tous les os du canard et coupez la viande en morceaux de la taille d'une bouchée.

Faites chauffer la crème de coco à feu moyen et ajoutez la pâte de curry en remuant bien. Mettez le canard, remuez et ajoutez le reste du lait de coco, les tomates, les aubergines, les feuilles de bergamote, la sauce de poisson, le sucre et le sel. Portez à ébullition, puis retirez rapidement du feu.

Parsemez le tout de feuilles de basilic et de piments rouges ou verts. Servez avec du riz nature.

Astuce : la consistance légèrement croquante des toutes petites aubergines ou des haricots verts se marie très bien avec cet onctueux curry.

KHA KOB PHAD PED

Cuisses de grenouilles au piment et au basilic

Les grenouilles que l'on trouve dans les *klongs* et les rizières de Thaïlande sont parfois appelées "poulets de rizière". Leur goût est délicat et ressemble, en effet, à celui du poulet. ⌚⌚

2 cuil. à soupe d'huile
8 paires de cuisses de grenouilles
1 cuil. à soupe de grains de poivre vert
3 piments rouges coupés dans le sens de la longueur
8 cm de galanga coupé en allumettes
2 cuil. à café de sucre de poisson
½ cuil. à café de palme concassé
une grosse poignée de basilic

Faites chauffer l'huile dans un wok jusqu'à ce qu'elle soit très chaude. Mettez les cuisses de grenouilles avec les grains de poivre et faites sauter le tout à feu vif pendant 2 mn. Ajoutez le piment, le galanga, la sauce de poisson et le sucre. Mélangez soigneusement et laissez cuire encore 1 mn. Ajoutez le basilic tout en continuant de remuer, puis retirez du feu.

Servez avec du riz.

Astuce : 250 g de poulet sans os, coupé en dés, peuvent remplacer les cuisses de grenouilles.

KAW MOO YANG

Échine de porc à la sauce piquante

L'assaisonnement typiquement thaï à base d'ail, de poivre noir et de racine de coriandre est, ici, mélangé avec les sauces chinoises d'huître et de soja pour faire mariner le porc, qui est alors grillé et servi avec une sauce épicée. ⌚

600 g d'échine de porc, en un seul morceau
Marinade :
- **1 cuil. à soupe de mélange d'ail, racine de coriandre, grains de poivre noir pilés ensemble**
- **2 cuil. à soupe de sauce d'huître**
- **2 cuil. à soupe de sauce de soja claire**
- **1 cuil. de sucre**

Sauce :
- **2 échalotes finement émincées**
- **1 cuil. à café de poudre de piment**
- **1 cuil. à soupe de sauce de poisson**
- **1 cuil. à soupe de jus de citron vert**

Mélangez ensemble tous les ingrédients de la marinade et laissez macérer la viande pendant une heure environ.

Pendant ce temps, mélangez les ingrédients de la sauce et réservez.

Faites griller le porc au charbon de bois ou sous un grill très chaud jusqu'à ce que la viande soit cuite. Coupez le porc en diagonale, en tranches fines, et mettez sur un plat de service.

Servez avec la sauce. Vous pouvez accompagner ce plat de riz gluant cuit à la vapeur et de concombre en tranches.

Astuce : à défaut d'échine, on peut utiliser un autre morceau de porc, comme la longe, qui a une fine couche de graisse.

GAENG MUSSAMAN

Curry Mussaman au bœuf

Les épices comme la cardamome et la cannelle ont été introduites en Thaïlande par les marchands indiens musulmans. Les plats qui les contiennent sont appelés curries *Mussaman* (musulmans). ◷◷

3 cuil. à soupe de curry *Mussaman* (page 38)
$^1/_2$ tasse de crème de coco
500 g d'aloyau ou de morceaux à braiser
50 cl de lait de coco
5 graines de cardamome, grillées
1 bâton de cannelle d'environ 8 cm
200 g de pommes de terre pelées et coupées en 4
1 cuil. à soupe de cacahuètes non salées, pilées
10 échalotes
3 feuilles de laurier
3 cuil. à soupe de sucre de palme
3 cuil. à soupe de sauce de poisson
3 cuil. à soupe de jus de tamarin

Faites cuire ensemble la pâte de curry et la crème de coco pendant 5 mn, puis ajoutez le bœuf et maintenez la cuisson pendant 8-10 mn. Ajoutez le reste du lait de coco, amenez à ébullition et laissez mijoter pendant 10 mn.

Ajoutez tous les ingrédients restants et faites cuire jusqu'à ce que les pommes de terre et la viande soient tendres.

Servez accompagné de gingembre et de légumes au vinaigre, et de riz.

Astuce : par leur consistance et leur goût, les pommes de terre se marient bien avec ce curry, et sa sauce épicée.

GAENG PED MOO

Porc au curry rouge

Préparé de multiples manières, le porc est la viande la plus populaire en Thaïlande. Cette recette est un curry très simple et très rapide à faire. ⌚⌚

$^1/_2$ tasse de crème de coco
1 cuil. à soupe de curry rouge (page 38)
400 g de filet de porc, coupé en tranches d'1 cm d'épaisseur
60 cl de lait de coco
2 cuil. à soupe de sauce de poisson
$^1/_4$ cuil. à café de sel
1 $^1/_2$ cuil. à café de sucre
5 feuilles de bergamote coupées en deux
1 piment rouge frais, coupé finement dans le sens de la longueur
$^1/_2$ tasse de feuilles de basilic

Portez la crème de coco à ébullition en remuant constamment. Ajoutez la pâte de curry rouge et le porc, remuez soigneusement, et faites cuire pendant environ 5 mn.

Ajoutez la sauce de poisson, le sel, le sucre, les feuilles de bergamote et le piment. Maintenez la cuisson en remuant, puis retirez du feu et décorez avec le basilic.

Astuce : à défaut de filet de porc, utilisez tout autre morceau maigre de cette viande et augmentez le temps de cuisson en conséquence.

PANAENG NUEA

Curry de bœuf séché

Dans cette recette du sud relevée et parfumée, le bœuf est préparé avec des épices indiennes. Mais le sucre de palme, les cacahuètes et les feuilles de bergamote en font un plat tout à fait thaï.

1 cuil. à soupe de graines de coriandre moulues
2 cuil. à café de graines de cumin moulues
3 cuil. à soupe de pâte de curry *Mussaman*
$\frac{1}{2}$ tasse de crème de coco
400 g de bœuf coupé en lamelles
60 cl de lait de coco
$\frac{1}{2}$ tasse de cacahuètes grillées moulues
2 $\frac{1}{2}$ cuil. à soupe de sauce de poisson
$\frac{1}{4}$ cuil. à café de sel
3 cuil. à soupe de sucre de palme concassé
6 feuilles de bergamote coupées en deux
1 piment rouge coupé en fines lanières

Mélangez les graines de coriandre et de cumin avec la pâte de curry *Mussaman*.

Faites chauffer la crème de coco jusqu'à ce que de l'huile remonte légèrement à la surface, puis ajoutez la pâte de curry et amenez lentement à ébullition, en remuant constamment.

Faites cuire la viande pendant 5 mn. Ajoutez le reste du lait de coco et des ingrédients, à l'exception des feuilles de bergamote et du piment. Remuez soigneusement et laissez mijoter jusqu'à ce que le bœuf soit tendre.

Ajoutez les feuilles de bergamote et les piments, retirez du feu.

Servez avec du riz.

TAB TIM GROB & KLOEY BUAD CHEE

Rubis rouges & Bananes au lait de coco

RUBIS ROUGES

Ce nom poétique désigne des châtaignes d'eau colorées en rouge vif et servies dans du lait de coco sucré. C'est un des desserts les plus appréciés. ⏲⏲

1 tasse de châtaignes d'eau coupées en petits dés
colorant alimentaire rouge
1/2 tasse de fécule de tapioca
1/2 tasse de sucre
20 cl d'eau
20 cl de lait de coco
glace pilée

Saupoudrez les châtaignes d'eau de colorant alimentaire et remuez jusqu'à ce qu'elles soient rouge vif. Mettez la farine dans un sac en plastique avec les châtaignes d'eau et secouez jusqu'à ce que toutes les châtaignes soient bien enrobées. Mettez dans une passoire ou un tamis et secouez pour faire tomber l'excès de farine.

Portez 1,25 litre d'eau à ébullition, ajoutez les châtaignes et laissez bouillir doucement pendant 3 mn. Égouttez et passez sous l'eau froide. Égouttez de nouveau et gardez en réserve dans un torchon.

Faites bouillir le sucre avec l'eau pour faire un sirop, laissez refroidir, puis ajoutez le lait de coco. Pour servir, mettez un peu de châtaignes dans des plats à dessert avec du sirop et de la glace. On peut ajouter des tranches de jaque mûr ou de la noix de coco jeune.

À droite : *rubis rouges (en haut), bananes au lait de coco (à droite) et boulettes de riz au lait de coco, dont la recette se trouve page 126, (à gauche).*

Astuce : la châtaigne d'eau est difficile à éplucher, mais elle a un goût fin et sucré et une consistance très agréable. Si on n'en trouve pas, on peut la remplacer par le *mun kaew* (tubercule beige à chair blanche).

BANANES AU LAIT DE COCO

Il existe plus d'une douzaine de types de bananes en Thaïlande. Dans cette recette, on utilise les toutes petites bananes. Si on utilise de grosses bananes, les couper en diagonale en morceaux de 8 cm. ⏲

1 l de lait de coco clair
1 tasse de sucre
1/4 cuil. à café de sel
3 petites bananes, coupées en deux

Versez le lait de coco dans une casserole, ajoutez le sucre et le sel. Portez à ébullition en tournant constamment pour empêcher le lait de se séparer. Ajoutez les bananes, portez de nouveau à ébullition, puis retirez du feu. Servez chaud ou froid.

SANGKAYA FAK THONG & BUA LOI

Citrouille au flan de coco & Boulettes de riz au lait de coco

À droite : *citrouille au flan de coco. La photo des boulettes de riz à la noix de coco se trouve page 125.*

CITROUILLE AU FLAN DE COCO

Un dessert décoratif fait d'une crème à la noix de coco cuite dans de petites citrouilles. ⌚

5 œufs (dont 2 œufs de canard si possible)
1 tasse de crème de coco
1 tasse de sucre de palme concassée ou $^1/_2$–$^3/_4$ tasse de sucre blanc
1 petite citrouille entière, d'environ 20 cm de diamètre

Battez les œufs avec la crème de coco et le sucre jusqu'à ce que ce mélange soit bien mousseux.

Coupez la partie supérieure de la citrouille et, à l'aide d'une cuillère, retirez soigneusement les graines et toutes les fibres. Versez le liquide dans la citrouille, refermez, et faites cuire le tout à la vapeur pendant environ 20 mn. Le flan doit être bien ferme.

Laissez refroidir et coupez en tranches épaisses pour servir.

Astuce : les œufs de canard donnent une crème plus riche et plus ferme. Si vous utilisez du sucre de palme, passez la crème au tamis avant de la verser dans la citrouille.

BOULETTES DE RIZ AU LAIT DE COCO

Un plat simple à réaliser en Thaïlande, où les ingrédients sont disponibles tout préparés. ⌚⌚

3 tasses de farine de riz gluant
4 tasses de crème de coco
2 tasses de sucre
1 cuil. à café de sel

Délayez la farine de riz dans de l'eau pour obtenir une pâte consistante. Pétrissez et formez des boulettes de la taille d'un pois. Faites bouillir une grande marmite d'eau, jetez les boulettes et retirez-les dès qu'elles remontent à la surface. Égouttez.

Faites bouillir la moitié de la crème de coco en remuant constamment pour l'empêcher de se séparer, puis ajoutez les boulettes. Dès que l'ébullition reprend, retirez-les du feu et incorporez le reste de la crème de coco. Servez dans des petits bols.

Astuce : des grains de maïs en boîte et des châtaignes d'eau (préparées comme pour les rubis rouges, page 124) peuvent être ajoutés aux boulettes de riz dans le lait de coco, si vous voulez un dessert plus varié et coloré.

KHAO MAO TOD & KAO TOM MAD

Bananes frites & Bananes au riz gluant

À droite : *bananes au riz gluant (à gauche) et bananes frites (à droite).*

BANANES FRITES

Les bananes sont roulées dans un mélange de flocon d'avoine, de noix de coco et de sucre de canne avant d'être enrobées de pâte, puis frites. ⌚⌚

600 g de noix de coco fraîche et rapée
250 g de sucre de canne
400 g riz concassé (ou *khoa mao*)
10 petites bananes
Pâte :
3 tasses de farine de riz gluant
25 cl de lait de coco
1 œuf, légèrement battu
1 cuil. à soupe de graines de sésame

Mélangez la noix de coco rapée, le sucre de canne et le riz concassé et faites revenir le tout dans une poêle anti-adhésive, en remuant fréquemment pendant environ 30 mn. Mélangez les ingrédients de la pâte, puis laissez reposer pendant 3 heures.

Juste avant de servir, roulez chaque banane dans le premier mélange, puis plongez-les dans la pâte et faites-les frire dans de l'huile chaude jusqu'à ce qu'elles dorent. Servez chaud.

Astuce : le riz concassé ou les flocons de riz se trouvent sous des appellations variées en Asie, et sont souvent connus sous leur nom philippin, *pinipig*. Tout type de céréales en flocons peut les remplacer.

BANANES AU RIZ GLUANT

Une combinaison intéressante de riz gluant, de haricots noirs et de bananes. ⌚⌚

300 g de riz gluant, trempé dans l'eau pendant une heure
2 tasses de crème de coco
4 cuil. à soupe de sucre
une pincée de sel
200 g de haricots noirs secs, trempés pendant une nuit, puis cuits à l'eau jusqu'à ce qu'ils soient tendres.
4 petites bananes coupées en deux dans le sens de la longueur
8 morceaux de feuille de bananier ou d'aluminium d'environ 15x25 cm

Mélangez le riz gluant, trempé et égoutté, avec la crème de coco, le sucre et le sel, et portez à ébullition, de préférence dans une poêle anti-adhésive. Laissez mijoter en remuant fréquemment, jusqu'à ce que le riz soit tendre et que tout le lait de coco soit absorbé. Comptez environ 15 mn. Laissez refroidir.

Prenez un morceau de feuille de bananier et disposez un peu de riz mélangé à une cuillerée à café de haricots. Posez dessus une demi-banane, puis de nouveau du riz et des haricots. Pliez la feuille et attachez avec soin. Répétez l'opération jusqu'à épuisement des bananes. Cuisez à la vapeur pendant 15 mn, laissez refroidir et servez sans la feuille.

Index